LA PERFECTA ALEGRÍA

LUIS M. MARTÍNEZ

LA PERFECTA ALEGRÍA

EDICIONES RIALP
MADRID

© 2024 *by* EDICIONES RIALP, S.A.,
Manuel Uribe 13-15 - 28033 Madrid
(www.rialp.com)

ISBN (edición impresa): 978-84-321-6929-8
ISBN (edición digital): 978-84-321-6930-4
ISBN (edición bajo demanda): 978-84-321-6931-1
ISNI: 0000 0001 0725 313X
Depósito legal: M-24421-2024

Impreso en España   *Printed in Spain*
Estilo Estugraf, S.L. Ciempozuelos (Madrid)

ÍNDICE

NOTA DEL EDITOR

Hasta ahora, la colección Patmos ha ofrecido a sus lectores dos obras de Luis María Martínez, arzobispo primado de México desde 1937 y actualmente en proceso de beatificación: *Los dones del Espíritu Santo* y *El Espíritu Santo y la oración*.

Hay otras muchas obras, entre ellas varios tratados místicos, como *La transformación en Jesús Crucificado, El interior del Corazón de Jesús, El descanso divino,* etc. Las tres primeras series conforman su obra *Jesús;* las otras dos aparecieron en 1960 y 1961. A su muerte se publicó una serie titulada *Las cimas de la vida espiritual.* Contenía *La consumación en la unidad, El supremo amor,* y esta que ahora presentamos en Patmos: *La perfecta alegría.*

Todas ellas corresponden a Ejercicios Espirituales que cada año monseñor Martínez daba por escrito a Concepción Cabrera de Armida

(1862-1937), beatificada en mayo de 2019 en la basílica de Guadalupe.

Con la autorización del autor, se editaron en su momento en México, adaptando el texto y suprimiendo lo que era exclusivo y propio de la beata Concepción Cabrera.

La perfecta alegría contiene los últimos Ejercicios, que ella llevó a cabo del 3 de octubre al 1 de noviembre de 1936, tres meses antes de su santa muerte. Quizá sin saberlo, fueron su mejor preparación para morir.

Concepción Cabrera (Conchita) fue una laica católica nacida en San Luis Potosí (México). Se casó joven y tuvo nueve hijos. A los 39 años enviudó y se dedicó al estudio y a ayudar a sus hijos. Fundó las cinco obras de la Cruz (el Apostolado de la Cruz, la Congregación de las religiosas de la Cruz del Sagrado Corazón de Jesús, la Alianza de Amor con el Sagrado Corazón de Jesús, la Fraternidad de Cristo Sacerdote y los Misioneros del Espíritu Santo). Escribió un diario espiritual de sesenta y seis volúmenes.

En los últimos años de su vida, y especialmente en los últimos meses, padeció sufrimientos de toda clase: pobreza, penas de familia, penas por las Obras de la Cruz —la razón de su vida—, penas del corazón, incomprensiones, enfermedades…; pero, por encima de todo, una soledad del alma imposible de narrar con palabras. Conviene tener presente ese estado de su alma para comprender estos Ejercicios.

Como estos textos revelan a dos almas santas —el director y la dirigida—, presentamos su edición intacta—salvo ligeros retoques—, y sin ninguna adaptación.

Al terminar los Ejercicios, la beata Concepción Cabrera regresó a México y visitó a algunas personas muy allegadas, casi arrastrándose. Un terrible agotamiento la postró pronto en el lecho, y ya no volvió a salir de él. Tras una bronconeumonía, de la que logró recuperarse, un ataque de uremia acabó con su vida. El 3 de marzo de 1937 su alma se *consumó en la Unidad* y entró en *la perfecta alegría,* que no está en el dolor, como en la tierra, sino en *el supremo amor* de la bienaventuranza eterna.

1. PREPARACIÓN

Por las peculiares condiciones de este año y la situación actual de su alma, la preparación de los Ejercicios que va a comenzar debe tener especiales caracteres.

Como siempre, ha de ser una entrega amorosa, plenísima, sin condiciones ni reservas al amor y a la acción del Espíritu Santo, a la intimidad con Jesús, a la voluntad soberana del Padre.

Pero para su alma hay ahora una enorme dificultad, al menos aparente. No encuentra la manera de acercarse a Dios, de comunicarse con Él, de hundirse en su seno infinitamente amoroso. Le parece que se ha roto toda comunicación con Él, que Él la rechaza o se le aleja, o más bien que entre Él y su alma hay un abismo infranqueable, formado de frialdad y de tinieblas.

¿Cuál es el puente que ha de tenderse sobre el abismo para que usted deposite en las manos y en el Corazón de Dios su entrega amorosa, la entrega que cada año le hace con toda la sinceridad de su alma al comenzar sus Ejercicios?

El único puente para que las almas se comuniquen con su Dios en la tierra está formado por las tres virtudes teologales, únicas que tocan a Dios, únicas que pueden tenderse sobre la faz del abismo. Esas virtudes divinas ni necesitan consuelos, ni se alimentan con misteriosas palabras, ni viven en ese ambiente de luz divina en el que tantas veces ha vivido su alma.

En medio de todas las oscuridades, en el vacío de las más horrendas desolaciones, en el desamparo más cruel, brilla la fe, y arraiga la esperanza, y florece la caridad. Mas como esas virtudes no tienen en los días de tempestad ni el brillo ni el aroma de los días claros, es preciso que el alma en torno de la cual ruge la tormenta aprenda a palpar en medio de las sombras el puente arcano tendido sobre el abismo.

Fe

Ahora su fe debe fijarse en el amor de Dios; es preciso que crea firmemente en ese amor inmenso, ternísimo, apasionado, fecundo, que Él le ha tenido siempre y que se ha manifestado de mil maneras durante su vida. Pruebas palpables y espléndidas de la divina ternura llenan esa vida: le reveló Dios su amor cuando era usted muy niña; la tomó en sus brazos y no la ha abandonado jamás; ha sido para usted maestro, amigo, padre, esposo, hijo, todo. Y ese amor ha hecho en usted cosas grandes y maravillosas que solamente la ingratitud podría negar: la encarnación mística..., la fecundidad de las Obras de la Cruz..., la fecundidad para los sacerdotes..., la participación de los dolores íntimos de Jesús..., tantas gracias que solamente en el cielo podrán contarse y ahondarse.

¿Sería posible que ese amor desapareciera, que se trocara en desdén y en desamparo?

Esto sería imposible en un caballero; ¿cómo podría realizarse en Dios? Si una mujer le hubiera dado a un hombre su corazón y su vida, y se hubiera mil veces sacrificado por él, porque él le juró amor eterno; si este hombre la abandonara y la olvidara cuando mayor necesidad tuviera de él, ¿no diríamos que aquel hombre era un canalla?

¿Cómo podría Dios, que es la fidelidad misma, la finura infinita, la rectitud eterna, desamparar al alma en los últimos años de su vida, después de que usted desde pequeña le consagró su corazón y su vida, y se ha inmolado constantemente por Él?

¡Ah! No. Dios es Fiel; Dios es inmutable; su amor, como sus dones, son sin arrepentimiento.

Luego la ama como siempre la ha amado. Su amor no ha variado en una tilde. Él es para usted el mismo de siempre: su padre, su maestro, su esposo, su amigo, su todo.

Es preciso que crea de manera firme y profunda en ese amor incomparable: en el amor del pasado, en el amor del presente, en el amor de la eternidad. Es preciso que confiese ante la faz del mundo que Dios es bueno y que su misericordia es infinita; que reconozca llena de fe y de amorosa gratitud las gracias que de Él ha recibido y el magnífico, el inefable, el divino amor que le ha tenido.

Si ahora Dios se le oculta, si parece desdeñarla y desampararla, será por un motivo o por otro; pero jamás porque la haya dejado de amar. Ni usted ni yo nos explicaremos el misterio —que sí nos lo explicamos, porque Él nos los reveló—; pero ni nuestra ignorancia, ni los acontecimientos, por inexplicables que sean; ni los testimonios, por numerosos y autorizados que parezcan, podrán jamás ni borrar, ni siquiera empañar, la dulcísima realidad del amor divino.

Esperanza

Al mismo tiempo que debe avivar su fe, debe robustecer su esperanza. Esta santa virtud nos da la *seguridad* de que Dios nos cumplirá sus promesas.

16

Abraham recibió de Dios promesas preciosas, pero de largo plazo, pues se iban a cumplir muchos siglos después; y aquellas promesas bastaron para llenar de paz y de gozo la vida del Patriarca, pues, para su fe vivísima y su robusta esperanza, las promesas divinas son realidades, y el tiempo, un incidente sin importancia en el orden divino.

Tal seguridad tenía Abraham en la fidelidad divina, que no vaciló en ir al Monte de la Visión a sacrificar al hijo al que estaban vinculadas las promesas divinas. Sabía que la base de la esperanza no está en nada humano, sino en el seno augusto de Dios.

Note estas verdades:

Las promesas de Dios son realidades.

El cumplimiento de ellas no se funda en nuestra fidelidad, sino en la infinita fidelidad de Dios.

Cuando se han recibido de Dios preciosas promesas, bastan ellas para darnos la paz y el gozo en medio de todas las vicisitudes de la vida, aunque nos parezca que todo está contra nosotros.

Usted ha recibido inefables promesas de Dios: fuera de las comunes a todos los cristianos, esto es, la felicidad eterna y los medios para alcanzarla; Dios le ha asegurado que la encarnación mística no es gracia de un instante, sino de la vida y de la eternidad, y que esa gracia estupenda lleva en sus entrañas fecundidad divina para las almas, especialmente para las de los sacerdotes y para las almas de la Cruz.

Escrutemos el profundo sentido de esas promesas: la encarnación mística es unión estrechísima de Dios y del alma, fruto de una efusión inefable del Espíritu Santo, de una intimidad transformante con Jesús, de una mirada inenarrable del Padre Celestial. Ni la mirada divina es un relámpago, ni la intimidad es intermitente, ni la efusión es pasajera. La mirada es un día sin ocaso, la intimidad es idilio perpetuo que no se rompe jamás, la efusión es una fuente que salta hasta la vida eterna.

Ante la promesa magnífica, ¿qué son los dolores de la vida, las tinieblas de la desolación, el desamparo torturante que usted ha sufrido? Aunque el mundo se desquicie, le basta la promesa de Dios para la paz y el gozo de su alma.

Como Abraham, parece que usted tiene que sacrificar al Hijo de las promesas, y lo crucifica en verdad; pero como Abraham, usted debe esperar contra toda esperanza, y al inmolar a Jesús con sus palabras de vida, con sus consuelos inefables, con sus tesoros de dicha, usted debe esperar en la seguridad y en la paz que la mirada del Padre no se aparte de su alma, que el abrazo de Jesús sea indisoluble y eterno, que el

Espíritu Santo impregne su alma como una unción divina cuya suavidad es perenne y su aroma inmortal.

En el orden divino no se puede decir en buena lógica: sufro, estoy en tinieblas espesas, Dios se ha escondido para mi alma; luego mi vida espiritual fracasó, la encarnación mística fue un engaño. No; lo divinamente lógico es decir: más fácil es que sea mentira mi dolor y mis tinieblas a que sean mentira las promesas de Dios.

Ninguna de las dos cosas son mentira. Aunque no supiéramos conciliarlas deberíamos proclamar la realidad del dolor y la realidad de las promesas; pero poseemos la explicación que las enlaza. Jesús mismo le anunció la terrible prueba como un homenaje grandioso a la gloria de Dios, como un manantial opulento de gracias para las almas.

Dios le hizo también promesas de fecundidad; no hay Ejercicios en que no se las haya repetido y ampliado; más aún, de ellas está henchida su vida. Como a Abraham, Dios le ha dicho que será usted espiritualmente madre de innumerables almas, y de hecho contempla ya «sus hijos como renuevos de olivo alrededor de su mesa»[1].

---

[1] Sal 127, 3. En esa época, ya las Religiosas de la Cruz y los Misioneros del Espíritu Santo se habían multiplicado.

Pero son hijos del dolor, surgen de la tierra fecunda al caer en ella las lágrimas de sus ojos y la sangre de su corazón. Para calcular las gracias que alcanza, saboree la amargura de su espíritu, mida si puede el abismo de su inmolación. Porque Jesús nos dijo que la fecundidad está vinculada al dolor y a la muerte: *Si el grano de trigo no cae en la tierra y muere, quedará estéril; pero si muere, producirá mucho fruto*[2].

Y aunque no fuera esta la ley de la fecundidad, sería la ley de la fecundidad de usted, porque Jesús ha enlazado en su alma los martirios íntimos y la maternidad espiritual. Las promesas de Dios para usted son al mismo tiempo de fecundidad y de dolor, son promesas de fecundidad en el dolor. Y esas promesas son realidades: *Los cielos y la tierra pasarán, pero mis palabras*, dijo Jesús, *no pasarán jamás*[3].

Ni el martirio ni la fecundidad faltarán en su vida, porque Dios es fiel y sus promesas inmortales.

CARIDAD

La caridad, una caridad especial, debe consumar sus disposiciones para recibir las gracias de estos días.

---

[2] Jn 21, 24.
[3] Mt 24, 35.

Porque va a recibir gracias abundantes, no lo dude. Con Dios no hay decepciones, supera siempre su amor la amplitud de nuestros anhelos, la esperanza de nuestras plegarias, la audacia de nuestros sueños. *Abundantia pietatis tuae el merita suplicum excedis et vota*[4] —dice la Iglesia—, «superas con la abundancia de tu piedad el mérito y los deseos de los que te ruegan».

Dios le tiene preparadas gracias preciosas en estos días y aún me atrevo a decir que van a superar en número y en calidad a las gracias de los Ejercicios pasados; porque Dios es así, la marcha triunfal de su amor y de su misericordia ni decae ni desciende; sube siempre, y al subir derrama con mayor opulencia sus dones.

A veces pensamos que defrauda nuestras esperanzas, porque no nos da lo que queremos o como lo queremos, pero es porque nos da más o nos lo da mejor.

Le hablará como suele en otros Ejercicios[5] o le hablará de otra manera; la llenará de consuelos o de amargura; la envolverá en la claridad de su luz o en el misterio de su divina tiniebla.

---

[4] Colecta del domingo XI después de Pentecostés.

[5] Se trata de locuciones intelectuales con las que nuestro Señor la favorecía, sobre todo en la época de sus Ejercicios anuales.

¡Él lo sabe!; pero le dará más y mejor que en los Ejercicios anteriores.

Para disponerse a las gracias divinas necesita un amor especial, un amor audaz, incontenible como un torrente que pasa por todo, que todo lo arrastra en su corriente impetuosa, en su invasión triunfal.

Su amor, que vive siempre en su corazón como un incendio inextinguible, parece ahora tocado de extraña timidez. Padece la ilusión de que hace mucho tiempo que no se ha comunicado con Dios y, como Jesús en la hora suprema de su angustia, siente la necesidad de clamar: «¡Dios mío, Dios mío!, ¿por qué me has desamparado?».

Y ese desamparo detiene el vuelo de su amor y paraliza las almas de su confianza. El pobre corazón humano en tan extraña situación se siente tímido y vacilante. ¿Habrá cambiado Jesús con el alma que tanto ha amado? Por razones divinas, por profundos designios de sabiduría, pero ¿habrá cambiado? El alma, por infiel e ingrata, ¿habrá detenido el torrente de la misericordia? ¿Puede acaso arrojarse como en tiempos mejores en esos brazos divinos que han sido siempre su fortaleza, en ese Corazón que ha sido el refugio de su pequeñez y el cielo de su amor?

Por discreción, por humildad, por delicadeza al parecer, el alma se detiene, no se atreve a hundirse en el piélago divino.

¡Ah! ¡Nada ni nadie puede detener al amor cuando ha llegado a su ardiente plenitud! Se lanza impetuoso y ciego, como un torrente, por la ley ineludible de su naturaleza; ni ve su pequeñez, ni vislumbra la majestad del Amado, ni mide la distancia que los separa, ni la turban los obstáculos ni los abismos que hay entre él y su dicha.

Sin discreción, sin rubor, sin vacilaciones, sin temores, se arroja sobre el Amado en el vértigo incontenible de su ardor victorioso.

Grande o pequeña, fiel o deficiente, ingrata o constante, el alma AMA, y el amor es el título indiscutible al abrazo del Amado, a las caricias de la bondad o a los prodigios de la misericordia.

Si no está limpia, que la purifique el Amado; si ha sido infiel, que el Amado torne en fervor las humanas deficiencias; si Él está ofendido, que se contente; si es preciso que trastorne sus designios, que adelante su hora, que haga lo que sea necesario hacer, pero que abra sus brazos al alma enamorada y que le brinde el asilo de su Corazón, el único en el que el alma puede respirar y vivir.

¡Me hundiré en tu seno amoroso a pesar de todo! Es el grito audaz del alma que sabe amar.

Y el Corazón del Amado no desoye jamás ese grito, porque el amor todo lo atrae, todo lo arrastra irresistiblemente hasta el Corazón de Dios.

Que su alma prorrumpa en ese clamor osado, y el Amado sentirá que una saeta dulcísima se clava en su pecho.

Su amor no solamente ha de ser audaz, sino también generoso, tan generoso como audaz.

La audacia que le he aconsejado no es para arrancarle a Dios consuelos, ni para hacerlo que cambie de actitud con su alma, ni para que trastorne sus designios. No; es para quitar de su espíritu todo vestigio de duda respecto del mutuo amor de Dios y su alma; es para que tenga la seguridad de la mutua posesión; es para que, bajo el hielo de la desolación y la aspereza del martirio, viva y crezca; y se desarrolle pujante la unión íntima y eterna de su alma con Dios.

Pero cuanto mayor deba ser su audacia, mayor debe ser su generosidad. La fórmula con que expresé la audacia fue esta: «Me arrojaré en tu seno amoroso *a pesar de todo*». Con ella se da a entender que ni los aparentes desórdenes ni la cruel ausencia del Amado que usted ha sufrido logran detener su vuelo hacia Dios, el lanzarse impetuosamente hacia Él, que es la vida de su vida y el Único de su corazón.

Pero esa fórmula tiene otro sentido de heroica generosidad: «Te amo *a pesar de todo*, esto es, aunque me tengas sin consuelo toda mi vida, aunque me niegues la dulzura de tu presencia, la suavidad de tus palabras, la dicha de tus caricias, te amo y te seguiré amando; porque mi amor es fuerte como la muerte y superior a todos los martirios, con la ayuda soberana de tu gracia».

Para usted no será difícil esta generosidad, pero su principal problema es combinarla con la audacia. Sufrir todo, pero esperar todo; inmolarse sin descanso, pero con la seguridad del amor y de la unión; descubrir la ternura aun a través de los desdenes; poseer íntimamente al Amado, sintiendo su ausencia; llevar, en una palabra, el cielo del amor en el alma, pero debajo del infierno de una desolación terrible.

Y aquí aparece el tema de estos Ejercicios, que pudiera formularse diciendo: *el secreto de la perfecta alegría.*

Así vivió Jesús en los treinta y tres años de su vida mortal; con una alegría celestial y divina oculta en el océano amarguísimo de dolores de infierno, según la expresión de la Escritura.

A mi juicio, es lo más admirable de Jesús, siendo que en Él todo es prodigioso: unir en el misterio augusto de su Corazón el cielo y el infierno, la delicia inenarrable de la visión beatífica con la amargura inmensa de sus dolores íntimos.

Me parece que Jesús la llama a participar de este insondable arcano de su Corazón, que es tanto como llamarla a la participación de lo más hondo, de lo más exquisito, de lo supremo de su vida íntima. Esta participación inefable es quizá la cumbre de las cumbres, la transformación suprema del alma en Jesús.

Claro que lo que usted participe de ese misterio será un pálido destello de lo que Jesús llevaba en su corazón; ni la alegría de usted será la visión beatífica, ni los martirios de usted serán los dulces dolores de infierno del Corazón divino; pero «*si parva licet componere magnis*», como dijo el poeta latino, si nuestras pequeñeces se pueden comparar con la magnitud de las cosas divinas, el secreto de la perfecta alegría será en su corazón el trasunto exiguo, la miniatura del gran misterio del Corazón de su Amado, el rasgo supremo y magistral de su transformación en Jesús, el remate magnífico de las maravillas que Él ha realizado en el alma de usted.

Usted ha participado abundantemente del dolor de Jesús y ha participado de manera inefable de su alegría; ha tenido momentos de Tabor y largas noches de Getsemaní; pero ahora es preciso que la montaña fulgurante y el

Huerto tristísimo se fundan misteriosamente en la maravillosa unidad, en el fuego transformante del amor.

El año que acaba de pasar ha sido para usted una lóbrega noche de Getsemaní; quizá Jesús no le quite para el porvenir ni una sombra, ni una gota de sangre, ni un átomo de amargura a la noche espantosa; quizá haga más densas las tinieblas y más concentrada la amargura y más copiosa la sangre del corazón de usted; pero por un milagro de poder y de amor, entre las sombras del Huerto van a esplender las claridades gloriosas, y bajo la tristeza de muerte palpitará viviente y celestial *la perfecta alegría,* el gozo cumplido que Jesús prometió a sus apóstoles en la noche de la Última Cena...[6].

---

[6] Jn 16, 13.

2. DOLOR Y ALEGRÍA

Para encontrar la manera divina de conciliar en su alma el dolor y la alegría, conviene considerar primero con la mayor profundidad posible los extremos que se han de armonizar.

El dolor es algo indispensable para usted: el amigo inseparable de su vida, la porción de su herencia, el precioso instrumento de su santificación, el secreto de su fecundidad, el nido de su amor, el vínculo de su unión con Dios, un elemento esencial de su vida íntima, el rasgo principal y más bello de los grandes designios de Dios sobre su alma.

Cruz viviente, usted debe estar impregnada de dolor; su alma está hecha de pureza, de amor y de dolor, porque de esas celestiales sustancias está hecha la Cruz. Si alguna de ellas fuera eliminada de su alma, dejaría usted de ser lo que es; y para que acabe de ser lo que Dios quiere, es preciso que esos tres elementos vayan creciendo en las proporciones gigantescas que Dios le ha marcado.

Porque es Cruz viviente, en el alma de usted descansa el Espíritu Santo y en ella está enclavado Jesús, y entre esa alma y el Padre hay mutua irradiación de luz: del Padre desciende a su alma la divina mirada de complacencia y de fecundidad, y esa alma envía al Padre un fulgor de gloria.

Imposible que el dolor se separe de su vida; para ello sería preciso arrancar de su alma el amor, y «ni la muerte, ni la vida…, ni criatura alguna nos puede separar de la caridad de Dios, que es Cristo Jesús»[1]. Lejos de separarse del dolor, este destello de Jesús debe acrecentarse sin cesar y sin medida en su alma.

Para saber cuánto adelanta, mire cuánto sufre; para medir su unión con Dios, sondee el abismo de su amargura; para darse cuenta de que Jesús vive en usted, de que está transformada en Él, busque en lo íntimo de su corazón la amargura, las espinas, la Cruz íntima del Corazón de Jesús.

Cada día sus martirios serán más crueles, porque cada día, si así puede decirse, serán más

---

[1] «*Neque mors, neque vita…, neque creatura alia poterit nos separare a caritate Dei, quae est in Christo Jesu*»(Rom 8, 38-39).

divinos. ¿No es verdad que cada día le parecen nuevos sus dolores? Es muy propio del espíritu humano que, cuando progresa en cualquier orden, cada uno de los grados de su progreso le parezcan nuevos. El amor cuando crece es siempre nuevo, su juventud se renueva sin cesar, como la del águila; por eso dijo el padre Lacordaire que *el amor solamente tiene una palabra y, diciéndola siempre, no la repite jamás.* Para el verdadero sabio, la ciencia es siempre nueva; para el artista, la belleza es una eterna primavera que no se marchita, que no pierde ni su luz ni sus perfumes.

Esta ley de nuestro espíritu se aplica al dolor: cuando se acrecienta sin cesar es siempre nuevo, por más que el alma en una larga vida lo haya saboreado constantemente.

Pero el dolor de usted en las últimas etapas de su vida no solamente es nuevo por esta ley del espíritu humano, sino que es nuevo de manera más profunda. Antes había usted recorrido la escala de los dolores humanos, naturales y sobrenaturales; pero esa escala la llevó a una cumbre, a sentir dolores que ya no son puramente humanos, sino humano-divinos, porque son los dolores del Corazón de Jesús, que Él, en un exceso de amor, en una explosión, ha querido comunicarle.

31

Esos dolores no son de la tierra; tampoco son del cielo, porque en el cielo no hay dolor; son del Corazón de Jesús, en el que parecen unirse de manera inefable el cielo, la tierra y aun el infierno.

Esos dolores son de una sustancia finísima, de una eficacia maravillosa, pero de una crueldad terrible. Como al infierno, según la sublime expresión del Dante, a esos dolores los hizo «el poder divino, la suprema sabiduría y el primer amor»; por eso son fortísimos, fecundos, bellos y divinos.

Era preciso que usted llegara a esa cumbre de dolor, a ese *monte de la mirra*[2], a donde el Amado lleva a su predilecta en el glorioso atardecer de la vida, cuando se extingue el día como un perfume que se disipa y se inclinan las sombras... Era preciso que llegara para que fuera perfecta *Cruz viviente,* pues la Cruz no es perfecta cuando solamente se impregna de sangre divina y se baña de ignominia, sino cuando de sus brazos victoriosos se escapa el grito de la desolación suprema: *¡Dios mío, Dios mío!, ¿por qué me has desamparado?*

Como en el cáliz de la flor fecunda están en germen todos los elementos de la planta y todos

---

[2] «*Vadam ad mortem myrrhae...*» (Cant 4, 6).

los tesoros de la floración futura, en el alma y en la vida de usted deben esconderse los gérmenes de todos los dolores que en el transcurso de los siglos han de sentir las almas de la Cruz; por eso ha sentido todos los dolores y sufrido todos los martirios; pero por encima de todos y coronándolos como espléndido remate, debe estar el dolor íntimo del Corazón divino, la Cruz misteriosa, que es la aspiración, la meta, el centro y la gloria de las Obras de la Cruz.

Y Jesús ha puesto en su alma el germen precioso, que es en cierto sentido la gracia suprema del alma de usted. La encarnación mística fue para eso, para clavar en lo supremo del corazón de usted la Cruz íntima de Jesús divino.

No dude que los últimos martirios de su alma, misteriosamente crueles y divinamente nuevos, son la eclosión de ese germen bendito.

¿Verdad que no comprende sus recientes dolores? ¿Verdad que tienen otro tinte, profundo y extraño, que el de la larga cadena de dolores que forman su vida? Ni los comprende su espíritu, ni parece soportarlos su fragilidad; son dolores de Jesús y cada uno es un arcano y cada uno necesita como pedestal la fortaleza de Él.

Quizá en sus horas amargas dude del origen divino de esos dolores, porque para el pobre criterio humano todo lo que es de Jesús debe ser dulce y celestial, porque a nuestra penetración escapa que hay en el Corazón divino amargura cruel y dolores de infierno.

¡Ah! ¡Si todo en Jesús es dulce, hasta sus martirios! Por eso canta la Iglesia: *Dulce lignum, dulces clavos, dulce pondus sustinet*[3]. «El dulce madero sostiene con dulces clavos el peso dulcísimo».

---

[3] Himno del Tiempo de Pasión. Para comprender mejor algunas expresiones que pudieran parecer raras, conviene explicarlas un poco.

1) *Cruz viviente* o *Cruz viva*. Nuestro Señor mismo le dio este nombre a la Sierva de Dios: *Crux Iesu*, Cruz de Jesús. ¡Y qué bien expresa su fisonomía íntima la misión de su alma! Toda su vida, toda su doctrina, todo su espíritu, toda su misión, se compendian en esta palabra: *Sacrificio*.

Se sacrificó para salvar a los pecadores. De aquí ese grito que brotó de lo más íntimo de su alma, desde aquel 14 de enero de 1894: *¡Jesús, Salvador de los hombres! ¡sálvalos! ¡sálvalos!* Grito que han seguido repitiendo todos los que forman la Familia de la Cruz, grito que no se apagará jamás.

Se sacrificó para que nacieran las Obras de la Cruz, para que crecieran y se multiplicaran y fueran fecundas en frutos de santidad.

Como ella misma lo aseguró: «Las Obras de Dios no nacen ni se desarrollan sino bajo un rocío de lágrimas y sangre». ¡Y cuántas lágrimas de sus ojos y cuánta sangre de sus venas derramó la Sierva de Dios para hacer fecundas estas Obras!

Pero esa dulzura solamente la puede saborear el finísimo paladar del alma que ha encontrado el secreto de *la perfecta alegría*; es la arcana dulzura del dolor envuelta en las más concentradas nieblas.

Se sacrificó, sobre todo en la última etapa de su vida, *para alcanzar gracias de santificación para los sacerdotes.* ¡Cuántos sufrimientos y qué terribles ofreció por los sacerdotes!

Y esta herencia la legó a sus hijas, las Religiosas de la Cruz: y por eso en todas sus capillas se ha grabado esta inscripción, que les recuerda constantemente la razón de todos sus sacrificios: «PRO EIS SANCTIFICO MEIPSUM» que pudiéramos traducir: «Nos sacrificamos por los sacerdotes».

Santificar y sacrificar, en el orden sobrenatural, son sinónimos, y lo son aun etimológicamente.

Todavía pocos momentos antes de morir, monseñor Martínez la exhortó para que ofreciera el sacrificio de su vida por los sacerdotes. A lo que ella asintió con toda su alma. Verdaderamente por ellos se sacrificó, por ellos saboreó toda la amargura de su tremenda agonía, por ellos murió: *pro eis sanctifico meipsum!*

Ahora bien, este sacrificio que llenó su vida no fue algo aislado, ni siquiera como un aditamento al Sacrificio de Cristo; puesto que esta alma había llegado a la Unión Transformante, su sacrificio era una prolongación del Sacrificio de Cristo; más aún: Cristo era el que se sacrificaba en aquella alma.

De una manera cruenta se sacrificó Jesús en la Cruz de madera del Calvario; de una manera incruenta para Jesús y cruenta para el alma Jesús continuó su Sacrificio en esta Cruz viviente, en esta su Cruz —CRUX IESU—.

Si se consideran superficialmente esos dolores, no parecen dolores de Jesús. ¡Son tan horribles! ¡Se asemejan tanto a los del infierno!, ¡parecen tan conexos con el pecado!

¿No está plenamente justificado este nombre? Sin duda que este nombre podría aplicarse a otras almas santas; pero quizá en ninguna sea tan propio y característico como en la beata Concepción Cabrera de Armida.

2) La doctrina de la Cruz no exalta el dolor de una forma exclusiva, ni menos por una especie de snobismo espiritual, ni busca el dolor por el dolor mismo, lo que sería absurdo. No; esta doctrina nunca separa el dolor del amor, siempre el uno supone al otro: es un amor doloroso o un dolor amoroso, es decir, todo impregnado de caridad.

En la doctrina de la Cruz, el amor y el dolor son dos nombres de una misma cosa, son dos aspectos de una misma realidad. En la tierra no es posible amar sin sacrificarse; ni el alma que ama puede sacrificarse sin que por eso mismo crezca en el amor.

Por eso el lema de los Misioneros del Espíritu Santo es: *In caritate Dei et patientia Christi*, es decir, vivir en el amor de Dios y participar del Sacrificio de Cristo.

3) A primera vista, llamar maternal el amor de un alma por Nuestro Señor parece algo exorbitante. Sin embargo, Jesús mismo llamó así a sus discípulos, cuando, señalándolos, dijo: «Estos son mis hermanos, y mis hermanas, y mi madre» (Mt 12, 46-50; Mc 3, 31-35; Lc 8, 19-21); porque son los que oyen la palabra de Dios y la ponen en práctica.

¿Cómo puede ser de Jesús lo que es frío y oscuro y produce en el alma desesperación y desamparo?

Y, sin embargo, así son los dolores íntimos de Jesús; precisamente porque constituyen lo supremo del dolor, contienen lo supremo de lo que repugna, de lo que martiriza, de lo que despedaza nuestro pobre corazón; pero también, precisamente porque son lo supremo de la escala del dolor, contienen lo más exquisito, lo más concentrado, lo más divino de *la perfecta alegría*.

Pero no adelantemos conceptos que tienen que engarzarse a su tiempo en el hilo finísimo de la lógica divina. Ahora lo que importa es que usted reconozca en sus crueles martirios y en sus

---

Ahora bien, la gran palabra de Dios ¿no se compendia en amarlo? El alma que ama a Dios lo ama como a un Padre —porque la gracia nos hace hijos de Dios—; como a un Amigo —la caridad es un amor de amistad—; como a un Hermano —¿no es Jesucristo el Primogénito entre muchos hermanos?—; como a un Esposo, puesto que Él mismo asegura que se desposa con las almas. Y ¿por qué no con un amor que tenga ese tinte de ternura del amor maternal? Así como la luz reúne en sí todos los colores que se hallan dispersos en la naturaleza, así también en el amor a Dios se unifican todos los afectos que el corazón humano dispersa en las criaturas.

inenarrables desamparos el germen de los dolores humano-divinos del Corazón de Jesús, la astilla preciosa, más que todos los tesoros de la tierra, de la Cruz arcana que corona al Corazón del Cristo.

3. DOLORES QUE GLORIFICAN AL PADRE Y CONSUELAN A JESÚS

ESTA PARTICIPACIÓN DE los dolores íntimos de Jesús es para Él muy grande consuelo.

Hay muchas maneras de consolar a Jesús: se le consuela amándolo, porque el amor tiene el maravilloso privilegio de aliviar los dolores. De tal manera estima Jesús el amor, con tal ansia lo anhela, con tan viva solicitud lo busca, que cuando lo encuentra en un alma, la satisfacción que siente le hace olvidar en parte las ingratitudes de las demás y alivia un poco lo acerbo de sus dolores.

¿Recuerda que un día le dijo emocionado que para Él no hay música más deliciosa que oír la palabra de amor que brota de un corazón sincero? San Juan de la Cruz dice que un acto de amor puro vale más que todas las obras que hay en la Iglesia. ¿Sabe por qué? Porque un acto de amor puro vierte mayor consuelo en el Corazón divino que la actividad intensa y los éxitos brillantes de un apostolado exterior; porque ese acto da mayor gloria al Padre que las obras exteriores.

El amor es algo divino; si puede decirse así, es lo más divino que hay en la tierra, ya que el apóstol san Juan nos reveló que *Dios es amor.*

Y ¿sabe usted cuál es el amor más puro por su naturaleza? El amor maternal, el que tiene el destello del amor del Padre, el que brota de un alma limpia, bajo el impulso del Espíritu Santo. Siendo el Paráclito el amor del Padre y del Hijo, cuando Él ama en un corazón humano, hace que ame al Padre como lo ama Jesús, y hace que ame a Jesús como el Padre lo ama.

Por eso con tan vivas instancias le ha pedido Jesús ternura maternal, porque ese matiz de amor es el más puro, el que lleva en su seno más ricos tesoros de consuelo.

Nadie puede consolar a Jesús sino por el Espíritu Santo, el Divino Consolador, la fuente de todo consuelo. Cuando el Paráclito aspira nuestro amor e impulsa nuestro corazón para amar a Jesús, Él lo consuela por medio de nosotros; y tanto más abundante y exquisito es su consuelo cuanto más influye el Divino Espíritu en nuestro amor.

Ahora bien, cuanto más influye el Espíritu Santo en nuestro amor, más le comunica el matiz, el perfume, el sello del amor del Padre. ¿Comprende cuánto ha de consolar a Jesús el amor maternal?

El amor del Padre es ternísimo y delicioso, pero es también fuerte y terrible. ¿No fue ese amor el que entregó a Jesús al sacrificio? Si el Padre pudiera sufrir, su amor —que en cierta manera crucificó a Jesús— hubiera producido en Él una íntima crucifixión. El alma que copia el amor del Padre sí puede sufrir y, por consiguiente, al crucificar ella a Jesús[1], a imitación del Padre, se crucifica a sí misma de manera inenarrable.

Por eso el amor maternal es torturante, y ese amor es el sacerdote que inmola al alma de usted, el manantial divino de sus terribles martirios.

Los dolores íntimos de Jesús son el fruto exquisito del amor que Jesús le tiene al Padre, del amor que el Padre le tiene a Jesús; es fruto maduro y delicioso del Espíritu Santo. Por eso el alma que ama con el Espíritu Santo siente en

---

[1] Se comprende que *crucificar a Jesús* no es otra cosa que sacrificarlo, inmolarlo. Pero como el alma está transformada en Jesús, inmolarlo es inmolarse a sí misma; más exactamente, Jesús es el que se sacrifica en el alma transformada. Véase adelante el capítulo VI, "La crucifixión mística".

lo más íntimo la amargura indecible del Corazón de Jesús. Por eso la participación de los dolores íntimos del Corazón divino son para Jesús el supremo consuelo, y para el Padre, la mayor gloria.

¡Ah! En los Ejercicios pasados[2] Jesús la enamoró de la gloria del Padre, porque le reveló que esa gloria es el anhelo supremo de su Corazón, la meta de sus celestiales aspiraciones, el mayor bien después del Bien infinito.

Enardecida por el anhelo de esa gloria, usted pensó que después de los Ejercicios su vida había de ser un cántico viviente y sonoro a la mayor gloria de Dios. ¿Lo fue en verdad?

La mayor gloria de Dios es el amor más puro y perfecto, esto es, el amor que brota bajo el impulso pleno del Espíritu Santo. Este amor es la imagen del Espíritu Santo, copia del amor que Jesús tiene al Padre y trasunto del amor que el Padre tiene a Jesús.

Este amor en las almas tiene el tinte de ternura maternal, y su fruto supremo es imitar la ternura infinitamente robusta del Padre, que, sin perder su delicadeza y su dulzura, produce

---

[2] Los practicó del 13 de octubre de 1935 al 19 de noviembre. El tema fue «La encarnación mística».

el misterio de la Cruz en la que Jesús fue clavado y el misterio de la Cruz que corona al Corazón divino.

En el alma de usted la ternura maternal, que el Espíritu Santo derramó en su alma, produjo bajo el influjo del Paráclito ese fruto delicioso y supremo, y la vida de usted después de los Ejercicios de 1935 fue un martirio misterioso y constante; eco y trasunto del íntimo martirio del Corazón de Jesús, y, por consiguiente, un cántico nuevo, misterioso, divino, a la gloria del Padre.

¡Ah! ¡Qué distinto es ver las cosas con el estrecho criterio del hombre a verlas iluminadas con la luz divina! Para el criterio humano, su vida espiritual de usted en el último año es un perfume que se disipa en una atmósfera asfixiante, es un crepúsculo que se esfuma en la lóbrega oscuridad de una noche espantosa.

¡Cuántas veces se preguntó usted a sí misma si todavía seguía viviendo vida espiritual! Sin un rayo de luz, sin una chispa de amor, envuelta en luchas que parecían satánicas y perdido en una desolada lejanía el Hijo de su amor, usted se preguntaba atónita si había descendido al abismo, si su pasado era mentira, porque su presente le parecía desesperante y absurdo.

Y en verdad, vista con los ojos humanos, su vida en este año fue un páramo inmenso, sin luz, sin calor, sin esperanza.

Pero a la luz de Dios, este año de su vida ha sido el más precioso de sus años, el más fecundo, el más divino, si puede decirse así[3].

Usted apenas ha vislumbrado el oculto misterio; como relámpago fugaz ha pasado por su corazón hecho pedazos el consuelo de que los sacerdotes serían consolados con los consuelos que Jesús le negaba, aceptando el generoso ofrecimiento de usted. Es este en verdad un finísimo consuelo.

Pero yo veo otro más dulce y profundo: el trágico martirio de su alma en este año fue el supremo consuelo que puede brindar a Jesús, el cántico robusto y armonioso a la mayor gloria del Padre.

¿Puede usted sentir más íntimo consuelo? ¿Puede haber un año mejor empleado? ¿Puede haber mejor remate para su vida espiritual, tan llena de los dones más preciosos de Dios?

Bueno es consolar a los sacerdotes, pero mejor es consolar a Jesús; magnífica cosa es comprar gracias para las almas, pero es algo más celestial dar gloria al Padre.

---

[3] Ese año de 1936 fue en realidad el último de su vida.

Sin duda que en el fondo el consuelo de los sacerdotes y el de Jesús son una misma cosa, que las gracias para las almas y la gloria del Padre son dos facetas del mismo diamante; pero para las almas que aman y han escrutado los misterios de Dios es algo más dulce mirar el martirio como un consuelo de Jesús que mirarlo como consuelo de los sacerdotes, y es satisfacción más honda y perfecta mirar la Cruz como glorificadora del Padre que como manantial de gracias para las almas.

¿No le parece que en todas estas consideraciones se escapan los fulgores de *la perfecta alegría* del seno tenebroso del martirio?

4. DOLORES QUE DAN DESCANSO AL ESPÍRITU SANTO Y CONSUELO A LOS SACERDOTES

SUS ÍNTIMOS SUFRIMIENTOS[1] no solamente dan gloria al Padre y consuelo a Jesús, sino también descanso al Espíritu Santo.

Adaptando a las cosas divinas nuestro pobre lenguaje, decimos que Dios descansa cuando

---

[1] Como hemos dicho desde el principio, monseñor Martínez se refiere a los sufrimientos del alma de la beata Concepción Cabrera de Armida.

Una mirada superficial puede dar la impresión de que el predicador alaba mucho a esta alma, haciendo peligrar su humildad. Si sucede es porque se ignora que Dios la había confirmado en la humildad.

Demasiado había sido humillada, sobre todo por su primer director; lo que convenía ahora —en la última etapa de su vida— era hacerle ver las gracias que había recibido de Dios, para corresponder a ellas. Esta fue la misión providencial del prelado en esta alma que Dios le confió. Y que supo cumplir con creces.

consuma sus obras. Así dice la Escritura que después de crear al mundo, *en el séptimo día descansó*[2].

El Espíritu Santo ha estado realizando en usted una obra amorosísima. ¿No ha sido Él el artífice de su alma? ¿No la ha tomado por suya? ¿No se ha derramado abundantemente en ella durante toda su vida?

Las Obras de la Cruz son del Espíritu Santo, no solamente porque están destinadas a que las almas lo amen y que hagan que lo amen, sino también porque, siendo obras de amor —puesto que son de dolor—, deben atribuirse al Amor eterno. Sobre la Cruz del Apostolado se cierne la Divina Paloma, y con su luz, con su amor, con su unción y con su fortaleza ha inspirado, formado y consumado esa Cruz que es el símbolo de las Obras.

Pero también la Cruz del Apostolado es símbolo del alma de usted, germen y madre de esas Obras: usted es *Cruz viviente,* que lleva escondido a Jesús y muestra únicamente su Corazón ardiendo en llamas y triturado de dolor; la luz de la pureza con todos sus matices envuelve a esa Cruz, y sobre ella se cierne el Espíritu Santo como el principio y el remate de esa obra grandiosa.

---

[2] «*Et requievit die septimo ab universo opere quod petrarat*» (Gen 2, 2).

El supremo descanso del Paráclito en su alma es la consumación de su obra.

Ahora bien, ¿cuál es esa obra? Una Cruz, y en el centro de ella un corazón, y sobre el corazón una Cruz misteriosa. Su obra ha sido *hacerla Cruz*[3] y esconder a Jesús en ella y mostrar al Corazón divino, pero haciendo destacar en ese Corazón la Cruz misteriosa. Su obra se consuma cuando brilla esta Cruz con luz arcana. Así es la obra del Espíritu Santo: formar a Jesús e inspirar en Jesús su sacrificio. Y colocar en el centro de ese sacrificio los íntimos, los exquisitos, los divinos dolores del Corazón.

Con gracias estupendas, con dolores inenarrables, el Espíritu Santo ha formado en usted a Jesús y lo ha clavado o, más bien, lo ha escondido en su *Cruz viviente*; pero en el Jesús en que la ha transformado a usted se destacan, como magnífico remate, los dolores íntimos que en un exceso de amor le ha hecho participar.

La participación de esos dolores consuma la obra del Espíritu Santo en su alma y constituye, por consiguiente, el descanso del Paráclito.

---

[3] De aquí que «el nombre nuevo» de esta alma escogida haya sido CRUX IESU, *Cruz de Jesús*, como ya vimos; y este es el nombre que se grabó sobre su tumba.

¿No vislumbra otra vez los esplendores de *la perfecta alegría* que brotan de sus dolores misteriosos?

Pero estamos muy lejos de haber agotado las celestiales prerrogativas de esos dolores.

Obra del Espíritu Santo, íntima participación de Jesús, fruto del amor crucificante del Padre, esos dolores llevan el destello fecundo del Padre, la virtud redentora de Jesús, el germen santificador del Paráclito.

Por eso tales dolores son fecundísimos, vivos manantiales de gracias para las almas, y se truecan en consuelos para los sacerdotes, ya que para ellos son especialmente los crueles y exquisitos dolores del Corazón divino.

¿No es también perfecta alegría hacer a las almas felices y santas, cooperar al menos para su perfección y felicidad? Y gozo más cumplido es aún hacer esa obra divina con las almas de elección a las que Jesús confió sus poderes y su empresa gloriosa, a esas almas que son núcleos de vida y de santidad para los fieles.

Difícil y trascendental es el momento histórico por el que pasa el mundo: una nueva era surge entre las ruinas de la que se hunde con estrépito. Dios, como siempre, sacará de la nueva era su gloria magnífica.

¿Cómo surgirá esa gloria de la vorágine de errores y de males que contemplamos con espanto?

Dios combinará con su prodigiosa sabiduría muchas cosas que al criterio humano parecen incompatibles, sacará de sus tesoros «cosas nuevas y cosas viejas»[4], y en la magnificencia de su triunfo convertirá, como solamente Él sabe hacerlo, en pedestal de su gloria lo mismo que sus enemigos forjaron contra su grandeza.

¿Quién puede descifrar las fórmulas arcanas con las que Dios salva al mundo?

Pero hay un elemento esencial en esa fórmula divina que no falta jamás, que podemos con certeza señalar sin que sea preciso escrutar temerariamente los ocultos designios de Dios. Podemos asegurar que Dios salvará al mundo de la trágica crisis actual por medio de *sus sacerdotes*.

Entre todas las obras de salvación que Dios prepara en el augusto silencio de su misericordia, descuella, grandiosa y magnífica, *la santificación de los sacerdotes*; y nadie cooperará más eficazmente que la empresa salvadora del mundo actual que mejor ayude a esa santificación trascendental gloriosa.

---

[4] «*Qui profert de thesauro suo nova et vetera*»(Mt 13, 52).

Para ella es necesaria la luz, y el amor, y la fortaleza, y la acción; pero sobre todo es necesario el sacrificio, y sobre todo ese dolor eminentemente sacerdotal, divinamente fecundo y prodigiosamente eficaz que Jesús llevó treinta y tres años en su Corazón, y que simboliza la Cruz misteriosa.

Para renovar su Iglesia renovando a sus sacerdotes, Jesús necesita renovar en almas escogidas sus íntimos martirios; por eso en estos tiempos sacó de sus tesoros las Obras de la Cruz, por las cuales el Espíritu renovará la faz de la tierra, especialmente haciendo surgir del mundo agonizante una pléyade de sacerdotes santos formados de pureza, de amor y de sacrificio, que hagan resonar en la tierra de un modo nuevo las palabras de vida eterna que pronunció Jesús, y la enciendan en el fuego sagrado que Jesús nos trajo, y laven las almas con la sangre divina que redime y santifica y salva.

¿Comprende por qué le ha dado Jesús una especial misión para los sacerdotes? Y ¿comprende cómo, para cumplirla, el medio más precioso y eficaz es participar en su alma los dolores íntimos del Corazón de Jesús?

Usted se ha regocijado, en momentos fugaces de luz, pensando que, en tanto que usted sufre, los sacerdotes se consuelan. Me atrevo a decirle que ese regocijo, justísimo en verdad, es incompleto. No son solamente los consuelos sensibles los que usted alcanza para los sacerdotes con sus tremendos dolores.

Esto sería mucho, muchísimo, porque esos consuelos arrancan del corazón del sacerdote *la fascinación de la vanidad*[5], que muchas veces lo arrastra lejos de sus deberes y de Jesús, el supremo sacerdote;

—porque esos consuelos ganan para Jesús el corazón del sacerdote, y lo adhieren a Él indisoluble y victoriosamente;

—porque esos consuelos fortifican la debilidad del sacerdote y encienden el amor que parece extinguirse y alumbran los senderos sacerdotales, a veces ásperos y sangrientos;

—porque esos consuelos dilatan el corazón del sacerdote para que quepan en él las almas, y le dan el divino secreto de consolarlas, de sacudirlas, de lanzarlas al Corazón de Cristo.

Pero con ser tan preciosos esos consuelos, no son las únicas gracias que para los sacerdotes alcanzan los íntimos dolores del corazón de usted, sino que expían nuestras faltas, purifican nuestras almas, llenan nuestros espíritus de luz divina, nos unen de manera inefable con el Príncipe

---

[5] «*Fascinatio nugacitatis obscurat bona*» (Sab 4, 12).

de los pastores y nos transforman en Jesús, *para que siendo Jesús, podamos hacer en las almas la obra de Jesús*[6] y renovar al mundo con el Espíritu de Jesús, que se cierne sobre el caos para hacer surgir con su divina fecundidad «cielos nuevos y tierras nuevas»[7] para gloria del Padre.

¿Descubre en el seno de sus dolores el secreto de *la perfecta alegría*?

---

[6] Monseñor Gay, *Elevations*.

[7] «Ecce ego creo caelos novos et novam terram» (Is 65, 17); «*Novos caelos et novam terram expectamus*» (II Pe 3, 13).

5. DOLORES QUE SANTIFICAN
Y EMBELLECEN EL ALMA

CONVIENE CONSIDERAR aún otro aspecto de los íntimos sufrimientos que Nuestro Señor le ha dado. No solamente dan gloria a Dios y hacen bien incalculable a los sacerdotes, sino que santifican y hermosean el alma de usted.

Sin duda que el principal fin de tales sufrimientos, o más bien los principales fines, son los expuestos: la gloria de Dios en sus diversos matices y las gracias para los sacerdotes; porque siendo participación de los dolores de Jesús, deben tener los mismos fines que estos santos dolores tienen.

Pero los dolores de Jesús, glorificadores de Dios y redentores de las almas, acrecentaron de manera inefable la santidad y la hermosura del alma de Jesús, puesto que dice san Pablo que Jesús *se hizo obediente hasta la muerte y muerte de Cruz; por lo cual Dios lo exaltó y le dio un nombre*

que está sobre todo nombre, para que en el nom-
bre de Jesús toda rodilla se doble en el cielo, en la
tierra y en los infiernos[1], y esa obediencia hasta la
muerte Cruz abarca el conjunto de los dolores
de Nuestro Señor.

Dirá usted generosamente que no le inte-
resan sus propios bienes; pero, como dice un
Santo Padre, en nosotros no debemos mirar lo
nuestro, sino la Obra de Dios en nosotros. ¿No
le interesa ser como Dios la quiere? ¿No anhela
tener la pureza que Jesús necesita para descansar
en usted? ¿No quiere agradarle con aquella hermosura espiritual, con aquellos atavíos que Él se
complace en mirar en usted?

Usted debe anhelar el bien de Dios en su
alma y complacerse a él. A la manera que los
cielos cantan la gloria de Dios y que todas las
criaturas la proclaman por el divino destello que
en todas brilla, con mayor razón las almas, he-
chas a imagen y semejanza de Dios, y más aún
las que llevan la imagen sobrenatural que Jesús
grabó en ellas al precio de su sangre, deben dar a

---

[1] «*Humiliavit semetipsum factus oboediens usque ad mortem,*
mortem autem crucis. Propter quod Deus exaltavit illum, et
donavit illi nomen quod est super omne nomen: ut in nomi-
ne Iesu omne genu flectatur caelestium, terrestrium et infer-
norum» (Fil 2, 8-10).

Dios una gloria mayor que las criaturas inferiores y deben complacerse en la gloria que le dan.

Así María Santísima cantó inspirada: *Mi alma glorifica al Señor y mi espíritu se regocija en Dios mi Salvador*[2].

Pues bien, esos dolores íntimos que Jesús le ha participado completan el atavío y el decoro de su alma, como los dolores de que participa completaron la hermosura y la gloria de Jesús. Si Él no hubiera sufrido como sufrió, no sería tan bello como es. Sus dolores son el rasgo supremo de su belleza única. Por eso el Padre lo entregó al dolor para consumar su hermosura, para hacer espléndida su gloria.

¡Oh! ¡Si entendiéramos lo que es la belleza sobrenatural, apreciaríamos lo que fue para Jesús el dolor, lo que fueron para Él sus dolores íntimos!

De ordinario consideramos esos dolores con relación al Padre, por la gloria que le dieron, por el amor inmenso que Jesús le mostró entregándose a ellos; los vemos también con relación a nosotros, vislumbrando las gracias que nos alcanzaron y el amor que significa haberlos padecido por nosotros. Pero nos

---

[2] «*Magnificat anima mea Dominum et exsultavit spiritus meus in Deo salutari meo*» (Lc 1, 47).

olvidamos con frecuencia de pensar lo que el dolor añadió de grandeza, de hermosura y de gloria al alma de Jesús.

Vuelvo a decirlo: Jesús no habría sido tan bello si no hubiera sufrido como sufrió. Por eso el Padre lo entregó a la Cruz, no solamente por nosotros, también por Él, para exaltarlo, para embellecerlo, para glorificarlo.

En el alma de usted Dios ha querido realizar una obra grandiosa, una obra que le glorifique, no tan solo por los bienes que en torno suyo difunde, sino por la belleza que en sí misma tiene. A la manera que un artista realiza sus obras, no únicamente para alcanzar honores y riquezas, sino sobre todo para realizar la belleza que concibió su genio, para complacerse en lo acabado, en lo perfecto, en lo armonioso de su obra, así Dios no solamente trabaja en las almas para servirse de ellas como instrumento de su acción, sino para realizar la belleza que concibió su mente divina, para levantar un monumento a su gloria.

Y si nosotros nos viéramos a nosotros mismos con una mirada sobrenatural, serena y profunda, nos esmeraríamos por perfeccionar la obra estética de Dios en nosotros, porque nada faltara en nuestras almas para realizar el ideal divino, y nos complaceríamos en nuestra propia pureza y hermosura no con la vana complacencia del orgullo, sino con la honda y santa complacencia del amor, regocijándonos, como María, de que nuestra alma glorifique al Señor.

No solamente por esa gloria que le da a Dios la limpieza y hermosura de nuestra alma debemos complacernos en ella, sino también por una delicadísima razón de amor.

Quien ama desea estar limpio y ser bello, y brillar con todos los atavíos posibles únicamente para agradar a Él. Hasta en lo suyo el verdadero amante se olvida de sí mismo para pensar en el Amado.

¡Qué dicha agradarlo! ¡Qué delicia saber que cuando Él se nos acerca y nos abraza y se une con nuestra alma no encuentra nada que lastime sus limpios ojos, la finura de su gusto divino, sino que encuentra en nosotros lo que Él anhela, lo que Él mismo nos ha dado para su regalo: el reflejo de su pureza, la belleza que se armoniza con la suya, el perfume celestial que es emanación de su perfume divino!

¡Cómo palpita el corazón que ama cuando sabe que el Amado se complace en los ósculos de amor[3] que le da, que en la inefable impresión

---

[3] Cuando el autor habla de *ósculos* entiende por ellos lo que los místicos llaman «toques». Son una especie de impre-

que Él experimenta al acariciar al alma se mezcla el descanso del amor satisfecho con la inenarrable emoción del artista que se complace en su propia obra!

Ignora los secretos del amor quien esto no comprende, quien no anhela ser puro y santo y bello para agradar intensamente a quien ama. Me atrevo a decir que el gozo de agradar a Dios es una forma delicada y exquisita de *la perfecta alegría.*

Se dirá: ¿por qué entonces amar su nada y complacerse en sus miserias, y sentirse dichoso con sus harapos? ¡Ah! Porque el alma con luz divina llega a entender que eso agrada y complace al Dios que ama. ¿Qué sabemos nosotros de los gustos de Dios?

En la tierra, el contraste es fuente de belleza; en las pinturas, las sombras embellecen la luz, haciéndola destacar más espléndidamente; no hay en la música mejor armonía que la que triunfa de las disonancias; los actos heroicos más

---

sión sobrenatural que da al alma la sensación espiritual de que Dios la ha tocado. Los más elevados suelen llamarse «toques sustanciales»; y no porque la sustancia del alma toque a Dios —ninguna criatura puede obrar sino por sus facultades—, sino por lo íntimos y profundos que son. A ellos se refería san Juan de la Cruz cuando decía: «¡Oh toque delicado que a eterna vida sabe!».

sublimes son los que enlazan la debilidad con la grandeza; no hay en el universo cosa más bella que Jesús crucificado, porque en Él se armonizan de manera divina todas las miserias de la tierra con todas las grandezas del cielo…

Se diría que el contraste nos hace vislumbrar en la tierra al infinito, que es la fórmula suprema del infinito en lo humano[4].

Pues bien, Dios gusta de los contrastes en las almas; se complace en verter sus tesoros celestiales en el vaso frágil de nuestras miserias, en hacer brillar su gloria en el abismo de nuestra nada y en cubrir con nuestros pobres harapos la imagen espléndida que de sí mismo plasma en nuestro espíritu.

Por eso las almas iluminadas con la luz del cielo aman su nada, se complacen en sus miserias y se glorían de sus harapos. Esto no es una objeción, sino una confirmación magnífica de ese anhelo ineludible de agradar al Amado que lleva siempre en su corazón quien ama; de esa *perfecta alegría* del amor que descubre su propia

---

[4] Hermoso y profundo pensamiento del autor. En efecto, los contrastes, a medida que son más grandes, no tienen punto de contacto, y sus extremos parece que se alejan a una distancia que no se puede medir: como el contraste entre lo divino y lo humano que admiramos en Jesucristo, en la Iglesia, en las almas.

riqueza y su propia hermosura para regalo del Amado.

Lejos de que el desinterés del amor maternal ignore ese anhelo y esa alegría, pienso que ningún amor como él siente esta exquisita delicadeza. ¿Qué madre hay que no ambicione poseer un cálido y suave y perfumado regazo para que el hijo descanse? ¿Cuál no quisiera ser rica y hermosa y buena, únicamente para hacer feliz al hijo de su corazón?

Usted muchas veces, en ardientes arrebatos de amor maternal, ha querido poseer todo lo puro y bello y santo que hay en los cielos y en la tierra para envolver al Hijo divino, para cubrirlo de gloria, para embriagarlo de perfumes. ¿No es verdad?

Jesús ha enriquecido a esa alma, que ha querido llamar con el dulce nombre de *madre,* con numerosos y celestiales dones. ¿Lo puede usted negar? ¿Será preciso enumerar y ponderar las gracias incontables y preciosas que en el alma de usted ha derramado?

Pero si no le hubiera participado Jesús de sus dolores íntimos, la obra divina de su alma hubiera quedado incompleta, no tendría los rasgos magistrales, la armonía celestial, la exquisita perfección que el Artífice divino concibió para su obra; el regazo de su alma no sería el que Jesús ha soñado para descansar en él, ni encontraría en el alma de usted ni la música regalada, ni los perfumes exquisitos, ni los juegos de luz que complacen a su Corazón.

¡Ah, sí! Sus íntimos dolores derraman bienes en torno de usted, pero también atavían prodigiosamente su alma para regalo de Jesús. Porque el dolor, y especialmente ese dolor de temple divino que Jesús le ha dado, sacándolo de su propio Corazón, es un rasgo magistral de belleza, es un destello de luz divina, señuelo que atrae irresistiblemente al Corazón de Dios, fruto de un amor exquisito y saeta que se clava hondamente en el Corazón del Hijo hiriéndolo con llaga incurable de amor.

El rey ha codiciado tu hermosura[5], se dice en uno de los salmos.

Jesús codicia la hermosura de las almas; pero ninguna le roba el corazón tan victoriosamente como la hermosura del dolor; porque lo que en Él complació más hondamente al Padre fue la divina hermosura con que lo atavió el dolor, especialmente el profundo, el exquisito, el divino de su Corazón.

Pues si Jesús anhela en el alma de usted la belleza del dolor, ¿cómo no dejarse ataviar con ella

---

[5] «*Et concupiscet rex decorem tuum*» (Sal 44, 12).

de manera opulenta? ¿Cómo no abrazarse de esa cruz misteriosa? ¿Cómo no sentir *la perfecta alegría* de ser pura, de ser bella, de llevar en el alma la espléndida aureola del dolor para complacer plenamente al Hijo divino?

6. LA CRUCIFIXIÓN MÍSTICA

AUNQUE EL MATIZ de dolor y de alegría que le voy a explicar está quizá contenido en lo expuesto, es tan importante y bello, e influirá tanto en el estado de alma que estos Ejercicios han de producir en usted, que voy a exponérselo con minuciosidad y esmero.

Muchas veces y con muchas instancias Jesús le ha pedido que lo ofrezca crucificado al Padre Celestial, que es tanto como crucificarlo místicamente. Esta crucifixión es para su alma maternal una fuente de cruel y finísimo martirio. El mismo Jesús le dio a conocer en los Ejercicios pasados que una de las formas de este martirio consiste en ceder los íntimos consuelos que Jesús le da en favor de los sacerdotes.

Para ahondar en el abismo de sus dolores y para sorprender en el fondo de ellos el secreto de *la perfecta alegría,* es preciso escrutar con la gracia de Dios los matices de este inefable martirio.

Desde luego, conviene preguntar: ¿por qué tanto empeño de Jesús en que usted lo crucifique místicamente?

Sabe Él que las almas que así lo ofrecen al Padre, entrando de lleno en las miras sublimes de su Corazón, perpetúan su íntimo sacrificio de manera perfectísima y satisfacen de ese modo su anhelo insaciable de crucificarse.

No le basta a Jesús que a cada instante se ofrezca en el altar la inmaculada oblación de su cuerpo y de su sangre; no le basta que las almas, que forman su Cuerpo místico, sigan renovando con sus martirios el sacrificio amado, sino que ansía que las almas que le están más unidas, que han recibido sus íntimos secretos y de las cuales puede disponer plenamente para su amoroso servicio, renueven, no solamente su oblación, sino también las intenciones purísimas y los inefables afectos íntimos que inspiraron su sacrificio.

Quiere que, así como Él se ofreció constantemente al Padre durante su vida mortal para la Cruz, para toda cruz, haya almas que, con las mismas intenciones que Él, con el mismo ardor, lo sigan ofreciendo.

Sabe que esa oblación perfecta glorifica al Padre, que es fuente inagotable de gracias para las almas y que envuelve al alma misma que la ofrece en dones divinos.

Pero vislumbro otro motivo, hondo y finísimo, que inspira a Jesús el anhelo de ser místicamente crucificado.

A quien lleva en el corazón un amor único y profundo nada le satisface y atrae, sino lo que con ese amor se relaciona; querría que todas las criaturas le hablaran de ese amor y le ofrecieran, si fuera posible, una imagen de él; que por todo el universo se esparciera su perfume y que todas las cosas se convirtieran en ecos para repetir la deliciosa palabra de ese amor.

Jesús lleva en su Corazón un amor así, *el amor del Padre,* y no aprecia ni anhela ni busca sino el eco, el perfume, el reflejo de ese amor.

Si le complace que le amemos es porque nuestro amor —la caridad que el Espíritu Santo derrama en nuestros corazones— es imagen de aquel amor, ya que la caridad es imagen del Espíritu Santo; si tiene sus delicias en estar con los hijos de los hombres, es porque ellos están misteriosamente envueltos en el aroma, en la ternura, en los fulgores, en la gloria del Padre; si ama apasionadamente la Cruz, es porque ella es el monumento de su amor al Padre y el monumento del amor que el Padre le ha dado.

Y cuanto mejor le habla una cosa del amor del Padre, cuanto con mayor exactitud lo reproduce y cuanto con mayor fidelidad conserva el perfume divino de ese amor, tanto más la ama, la anhela, la busca Jesús.

En las ansias de su amoroso deseo y en los esplendores de su victoriosa sabiduría, Jesús halló el secreto de satisfacer plenamente su Corazón: un amor que refleje, cuanto es posible a la criatura, los dos inefables caracteres del amor del Padre: su *ternura* delicadísima y su *fortaleza* incomprensible; un amor que sea una caricia y un martirio; dulcísimo como la palabra que escuchó en el Tabor y terrible como el arcano designio que produjo el desamparo del Calvario; un amor que dé la vida y que entregue a la muerte; un amor que dé la gloria y que enclave en la Cruz.

Y de los tesoros de su Corazón sacó Jesús *la encarnación mística,* gracia estupenda, que trasplanta, por decirlo así, al corazón de una pobre criatura un trasunto del amor del Padre, para encontrar en ella, aunque sea en lejanísima semejanza, el calor y el perfume del seno infinito.

Y cuando Jesús ha realizado el amoroso portento, pide al alma lo que llena su Corazón: *ternura maternal* y *crucifixión mística.*

Las dos cosas las anhela, porque son reflejo del amor del Padre.

Quiere Jesús ser místicamente crucificado para sentirse amado como el Padre lo ama; para renovar o, más bien, perpetuar en su Corazón *la perfecta alegría* del Calvario, que fue ternura hondísima y desamparo terrible; que fue la suprema expresión de aquel amor único que puso en el alma de Jesús delicias del cielo y dolores del infierno.

Darle a Jesús esa *perfecta alegría* no es darle un consuelo, sino darle Él consuelo, el hondo, el supremo, el gozo cumplido de su Corazón.

¿Qué alma, capaz de dárselo, se lo negará?

Sin duda que para brindarle a Jesús ese consuelo supremo el alma tiene que sufrir honda e inefablemente. ¿Sabe por qué?

Absolutamente hablando puede hacer Jesús que un alma lo crucifique de manera mística en la alegría, en la dicha, como lo sacrificó el Padre. Pienso que lo que Jesús le dijo a usted: que cediera a los sacerdotes sus íntimos consuelos, que es una manera de crucificarlo, tiene un sentido más hondo que lo que a primera vista aparece.

¿Acaso para consolar a los sacerdotes necesitan sustraer al alma de usted sus consuelos divinos? ¿No es rico y magnánimo y posee la fuente de todo consuelo y lleva en su Corazón tesoros opulentos para enriquecer mil mundos?

No, no es ni mezquindad ni pobreza lo que hizo a Jesús quitar a usted sus consuelos para darlos a los sacerdotes; ni siquiera me satisface como razón completa de ese cambio la ley establecida por Dios de que las gracias se compren con dolor y con sangre.

Sospecho un motivo más profundo, un motivo, de sabiduría y de amor. Lo esbocé anteriormente: si el Padre pudiera sufrir, se habría íntimamente crucificado al entregar a la Cruz a su Hijo; pero es impasible e inmortal.

Mas cuando Jesús realiza en sus ansias amorosas un trasunto del amor del Padre en un alma escogida —que es pasible y mortal—, es preciso que en ella se realice lo que en el Padre no se pudo realizar; es preciso que ella se crucifique al crucificar místicamente a Jesús; para que aparezca en espléndida verdad el divino reflejo, para que Jesús sienta la delicia inenarrable de un amor que, sin perder su exquisita ternura, crucifica y se crucifica.

¿Qué tormento será ese que es la crucifixión de Jesús participada por la virtud potente de un amor que es reflejo del amor del Padre? Pero ¡qué *perfecta alegría,* qué gozo cumplido el de sufrir tamaño tormento por razones divinas, por bañarse en la gloria del Padre, por dar a Jesús el consuelo supremo!

7. LA PERFECTA ALEGRÍA
Y EL SUPREMO DOLOR

Y SIN INTENTARLO NOS encontramos en el fondo del misterio que nos hemos atrevido a escrutar en estos Ejercicios, y tocamos el secreto de *la perfecta alegría.*

Para mí es siempre lo más admirable que hay en Jesús —habiendo en Él tantas maravillas— la unión del cielo y del infierno, por decirlo así, en su Corazón adorable.

¿Por qué ese estupendo y divino contraste? Nuestra pobre inteligencia apenas vislumbra el misterio. Ese prodigio del Corazón de Cristo es la obra maestra del amor del Padre. Ternísimo y crucificante, infinito en su ternura y en su fortaleza, el amor del Padre debe producir el cielo y el infierno. De hecho, los ha producido: es tan tierno, que da a los que ama la visión beatífica; es tan fuerte y terrible, que da el infierno a los que desprecian su amor. Porque al infierno, como dijo el poeta florentino, lo hizo *el primer amor,* «Fecemi…, il primo amore»[1].

Con razón dice la Escritura: El amor es fuerte como la muerte, y duros, como el infierno, los celos[2].

Pero lo admirable, lo estupendo, lo que deslumbra nuestro espíritu, lo que oprime con su grandeza nuestra alma, es que esos dos excesos opuestos del supremo amor se unan, se armonicen, en el Corazón de Jesús. El *cómo* se oculta a nuestra miseria; el *por qué,* nuestra fe lo vislumbra.

Sin dejar de ser el Hijo de las eternas complacencias, Jesús es el responsable de todos los pecados del mundo. *Puso Dios en Él la iniquidad de todos nosotros*[3]. Como al Hijo de las complacencias, le corresponde una gloria única; como al responsable de los pecados del mundo, la justicia infinita lo hunde en dolores de infierno.

Pero, por un milagro de lógica divina, el infierno, que es fruto del primer amor, pero que no es para los réprobos amor, al llenar con su indecible amargura al Corazón de Jesús, al

---

[1] Dante, *Divina Comedia,* "Infierno".

[2] «*Fortis est, ut mors, dilectio; dura, sicut infernus, aemulatio*» (Cant 8, 6).

[3] «*Posuit Dominus in eo iniquitatem omnium nostrum*» (Is 53, 6).

envolverlo en su inmenso desamparo, es al mismo tiempo fruto de amor, y amor inefable y supremo.

Porque en los réprobos el amor, encontrando el odio indestructible, se trueca en castigo espantoso y en eterna desventura; en tanto que, en el Corazón de Jesús, el amor vengador y justiciero encuentra pureza divina y amor inmenso, y se convierte en redención, en gloria y en amor victorioso.

Pero descendamos de esas alturas para no sentir el vértigo del abismo.

Es lógico que en las almas en las que, por gracia singular de Dios, se reproduce el misterio del Calvario, se reproduzca también el prodigio de *la perfecta alegría.*

Por la encarnación mística puso Dios en el alma de usted un reflejo del amor del Padre; aunque pálido y lejano, ese reflejo encierra los dos caracteres de aquel eterno amor: *es tierno y es fuerte.*

Más *tierno* que el amor natural de las madres, porque es sobrenatural y divino, porque es trasunto de la ternura infinita del Padre. Y por ser así es para Jesús consuelo, halago, caricia, alegría, pues todas estas cosas en grado infinito fue para Jesús el amor del Padre.

El hondo, el supremo consuelo para el Corazón de Jesús es el amor del Padre, y por ser el amor de usted trasunto de ese amor, consuela a Jesús.

Dios de todo consuelo se llama al Padre en la Escritura. «Bendito Dios y Padre de Nuestro Señor Jesucristo, Padre de las misericordias y Dios de todo consuelo»[4], dice san Pablo. Si el Espíritu Santo es el Paráclito, el Consolador, es porque es el amor del Padre y del Hijo.

Ni hay consuelo que no proceda de este consuelo. Para Jesús ¿qué otro consuelo puede haber que el amor del Padre, que el Espíritu Santo? Las almas que anhelan consolar a Jesús no pueden brindarle otro consuelo que este. Por eso *las almas de la Cruz* deben poseer al Espíritu Santo, deben llevar un reflejo del

---

[4] «*Benedictus Deus et Pater Domini nostri Jesu Christi, Pater misericordiarum, et Deus totius consolationis*» (II Cor 1, 3). Difícilmente pueden escribirse páginas más elevadas que, como el autor dice, causan el vértigo de las cimas y de los abismos, y se palpa en ellas la inspiración divina con que fueron escritas. Solo un alma que se mecía en esas alturas pudo escribirlas. No solo se avecinaba para la beata una nueva etapa, sino que había empezado ya; en ella la alegría íntima se escondió en el centro de su alma para no estorbar el dolor, participación del de Jesús, que la ahogó en un mar de amargura apenas tres meses después, el 3 de marzo de 1937.

amor del Padre, puesto que son consoladoras del Corazón del Cristo.

Usted especialmente debe consolar a Jesús, y por eso recibió con maravillosa opulencia el Espíritu Santo; por eso puso Dios en su corazón un espléndido reflejo del amor del Padre. El mejor consuelo que puede brindar a Jesús es amarlo con ese divino reflejo, o más bien, es el único consuelo que le puede dar. Todo lo que puede hacer de virtud o de sacrificio, en tanto consuela a Jesús, en cuanto que de ese amor se deriva, en cuanto que está envuelto en el perfume de ese amor, en cuanto que le muestra a Jesús un trasunto de ese amor divino.

Cuando usted ama a Jesús con ese amor maternal, lo acaricia, lo halaga, lo envuelve en finísima ternura; porque el amor del Padre es para Jesús caricia divina, halago inefable, ósculo eterno.

Quizá le haya extrañado que Jesús le haya pedido muchas veces ternura maternal; ahora comprende usted el misterio: a través del amor de la criatura anhela Jesús la caricia del Padre, *que a vida eterna sabe.*

Y como el amor del Padre, el amor de usted llena de alegría al Corazón de Jesús, de una alegría que es trasunto de la divina que el Padre le comunica siempre.

Pero también el amor de usted es *fuerte* y terrible, por la misma razón, porque es trasunto del amor del Padre; esto es, es un amor que crucifica místicamente a Jesús, como el amor del Padre lo entregó a la Cruz.

Y se lo expliqué hace dos años: esa crucifixión mística no hace sufrir ahora a Jesús de manera real, porque ya Jesús es impasible; pero esa crucifixión mística está misteriosamente relacionada con la crucifixión mística de usted: esto es, Jesús sufrió entonces porque usted lo crucifica ahora, ya que el tiempo es un incidente sin importancia para quien todo está presente en el momento único de su eternidad.

Como el amor del Padre, el amor de usted da gozo y da dolor; consuela y crucifica, y en cierto sentido produce en el Corazón de Jesús el misterio estupendo de *la perfecta alegría*.

Es un influjo débil, pero real; como si al océano se añade una gota, que pasa inadvertida, pero algo se añadió. Como si al sol se le aumentara un rayo de luz: parecería nada, pero en realidad era un aumento. Así el amor de usted puso un rayo de alegría en Jesús, que se mezcló con el sol de alegría que llevaba en su Corazón, y puso una gota de dolor en el océano amargo e inmenso que llevaba en su alma.

Como el amor del Padre, el amor de usted lleva al Corazón de Jesús un destello del cielo y otro de infierno.

Pero sería imposible para usted hacer gozar y hacer sufrir a Jesús, sin que usted sufriera y gozara; porque es madre y porque es Jesús.

Como madre, el gozo de Jesús es su gozo, y el dolor de Jesús es su dolor.

Pero, como ya le he explicado, el alma que tiene la encarnación mística no es solamente madre, también es Jesús, y siéndolo, en ella se reflejan de manera inefable la alegría divina y el dolor inenarrable del Corazón del Cristo, producidos y enlazados por el Espíritu Santo; esto es, el alma transformada en Jesús realiza en sus íntimos senos el prodigio de *la perfecta alegría*.

Pero hay una diferencia entre *la perfecta alegría* de Jesús y *la perfecta alegría* de las almas: la primera fue plena y perfecta desde el principio de la vida mortal de Jesús; coexistieron desde entonces en el Corazón divino el océano de la alegría eterna y el abismo de los dolores inefables. En las almas transformadas no es así. Como esas estrellas que nunca brillan juntas, sino que una parece extinguirse cuando la otra fulgura, la alegría y el dolor de Jesús se suceden la una al otro en el firmamento de esas almas.

La fragilidad de ellas no soportaría la aparición simultánea de los dos misterios.

¿No es verdad que, en su vida, sobre todo en los últimos tiempos, han brillado con maravillosa intensidad, uno en pos del otro, el gozo del cielo y el dolor del infierno?

Uno y otro han ido creciendo en su corazón; en este último año los dolores han crecido de manera increíble; pero recuerde que la alegría también; ¿no sintió algo del cielo en los Ejercicios pasados?

Muchas veces —lo recuerdo muy bien— como relámpagos fugaces, la alegría y el dolor han coexistido en su alma; quizá han necesitado templar su intensidad para enlazarse.

Sospecho que viene en su vida espiritual una etapa admirable en que esas dos cosas, que parecen opuestas, se unirán en su alma y aparecerán al mismo tiempo. Se realizará entonces el misterio de *la perfecta alegría,* trasunto del prodigio estupendo del Corazón divino.

¿Se hará íntima la alegría y se esconderá en el centro de su alma para no estorbar el majestuoso desarrollo del dolor, que es participación del de Jesús? ¿Del seno de todos sus dolores brotará el licor celeste de la alegría y estará siempre brotando, como perenne manantial, porque no se extinguirán nunca los dolores que lo producen?

¡Dios lo sabe! Apenas podemos nosotros vislumbrar con la luz de Dios los misterios divinos cuando se han realizado. ¿Quién puede preverlos? ¿Quién puede presentir los divinos designios de su amor?

8. LA ALEGRÍA Y SU ENLACE CON EL DOLOR

Estudiando uno de los extremos del contraste de dolor y alegría que examinamos, descubrimos el vínculo de unión que los enlaza, la clave que explica su coexistencia y su armonía: *el amor del Padre*.

Poseyendo esta clave divina, podemos estudiar mejor el otro extremo del contraste, la alegría, y al mismo tiempo descubrir, por decirlo así, su punto de intersección con el dolor.

Es lógico que el dolor y la alegría se enlacen en el amor: ¿qué otra cosa podría enlazar estos extremos, sino el amor, que es por su esencia unidad? Y ¿qué otro amor, sino el infinito amor del Padre o su reflejo en la criatura podría fundir esas realidades lejanísimas, opuestas, al parecer incompatibles, que en su grado más alto constituyen la felicidad y la desventura, el cielo y el infierno?

La alegría es la satisfacción del amor, porque brota de la posesión del bien amado; es el amor triunfante que canta su victoria. *La perfecta alegría* debe ser, por tanto, la satisfacción cumplida de un amor profundo.

El dolor, por el contrario, es el amor al que le han arrebatado lo que ama, el amor que llora la ausencia del Amado, que siente la inmensa soledad que deja el Amado cuando se va, que experimenta la indecible nostalgia de la dicha perdida.

Y el dolor perfecto es el inmenso fracaso de un amor único y profundo; la noche del alma a la que no llega un solo rayo de luz del rostro del Amado, ni un rumor perdido de su voz celestial, ni un hálito fugaz de su perfume inconfundible.

¿Pueden acaso fundirse la ausencia y la posesión, el fracaso y la victoria, la noche y el día, aun por la magia victoriosa del amor?

El amor humano no lo logra jamás, al menos de manera perfecta; apenas engarza en el hilo del tiempo el dolor y la alegría, pero sin juntarlos jamás, si no es de manera relativa e imperfecta.

Para enlazar en un mismo instante el dolor y la alegría sin que pierdan esos extremos su vigor y su fisonomía propia, es preciso que del fracaso surja el triunfo; de la ausencia, la posesión; del inmenso vacío, la suprema riqueza; es necesario que el sollozo se convierta en idilio y que el absintio de las lágrimas se torne en la dulzura de la dicha; que la noche se haga esplendor, según la extraña expresión de la Escritura: *et nox illuminatio mea in deliciis meis* (y la noche, mi iluminación en medio de mis delicias)[1].

Solamente el amor divino puede realizar ese prodigio, porque para él el obstáculo se convierte en medio, y surge la victoria de la profundidad de la derrota. Solamente el amor divino tiene el maravilloso privilegio de sacar el bien del mal, la felicidad del dolor, la vida de la muerte; de hacer brotar al Espíritu Santo, que es luz y amor y vida y felicidad, de los brazos austeros de la Cruz, que es locura y escándalo y fracaso e ignominia.

El único artífice de *la perfecta alegría* es el amor divino, y el símbolo de esa obra estupenda es la Cruz. Artífice y obra tienen su emblema en la Cruz del Apostolado: arriba, el Espíritu Santo; abajo, *la perfecta alegría*. En esa Cruz está toda la gama del dolor, ¡que oculta en su fondo arcano el secreto que Jesús llevó escondido en su

---

[1] Sal 137, 11. Tal vez con más claridad, la Biblia de Jerusalén traduce así: «Diré: "Que me cubra la tiniebla, / que la luz sobre mí se haga noche"; /pero la tiniebla no es tiniebla ante Ti / y la noche ilumina como el día.

Corazón, como dijo Chesterton, el secreto de su insondable alegría![2].

¡Ah, sí! El dolor y la muerte fueron el fruto del pecado, las ruinas desoladas del fracaso del amor divino en el Paraíso; pero sobre esas ruinas edificó el amor omnipotente el monumento colosal de su espléndida victoria; y la Cruz —que enlaza con sus brazos de amor los dos paraísos, el del fracaso y el del triunfo— es el símbolo eterno de *la perfecta alegría*.

Para vislumbrar este misterio basta descubrir por qué ocultos senderos, por qué procedimientos divinos, el fracaso del dolor y de la muerte se torna en victoria de gozo y de vida.

Con esta fórmula feliz descendamos al abismo de los dolores del alma de usted.

Sobre su alma se extiende la noche fría, oscura, triste, de una desolación inmensa. El Amado se alejó al parecer sin dejar un destello de su luz, una cintila de su amor, un átomo perdido de su fragancia. Es el dolor profundo, porque es el fracaso de un amor único.

Pero Dios puso en su alma un destello del amor del Padre; y ese amor ilumina con luz arcana la noche de la desolación y la convierte en

---

[2] Chesterton, *Ortodoxia*, al final de la obra.

esplendor delicioso—*et nox illuminatio mea in deliciis meis*—, porque el amor celestial, más poderoso que el dolor y que la muerte, hace de la ausencia aparente del Amado un vínculo más estrecho de unión con Él; y de la soledad inmensa, una posesión cumplida; y de la hondísima desgarradura del alma, un holocausto de suavísimo perfume que satisface las exigencias del amor y un cántico sublime que glorifica a Dios.

Se vislumbra por lo dicho cómo el destello del amor del Padre que lleva usted en su alma puede trocar la ausencia en posesión, la oscuridad en luz, el desamparo en paz.

Pero es preciso tocar más de cerca el misterio; o más bien, examinar pormenorizadamente el divino mecanismo —si se me perdona esta burda palabra— por la que el amor trueca el dolor en alegría.

Uno de los matices de su martirio, quizá el más hondo, es la ausencia de Jesús.

Acostumbrada a sentir su deliciosa presencia, aunque fuera de manera fugaz; a escuchar su voz, que no era únicamente para usted instrucción espiritual, sino que tenía el encanto de la palabra de amor y la dulzura de una intimidad dichosa; ahora, sin oír esa voz ni percibir siquiera la huella de esa presencia, siente que el mundo está vacío, que la vida no tiene ni sentido ni encanto; y su corazón, que se alimentaba de Jesús, experimenta un hambre torturante, no de esas que, aunque hagan sufrir, dejan al alma el consuelo del deseo, sino de esas que son puro martirio sin deseo y sin esperanza.

Pero ¿es verdad que Jesús se ha ido de su corazón? ¿Es verdad siquiera que son menos íntimos los vínculos que la unen a Él?

Para que Jesús se alejara de su corazón sería preciso que de ese corazón desapareciera el amor; porque el amor, que es caridad, ata a Jesús con cadenas indestructibles, lo abraza inadmisiblemente, lo hace prisionero de amor, y de esa prisión nadie escapa, ni la omnipotencia; o más bien, menos la omnipotencia, porque la omnipotencia es amor.

En el amor humano se puede amar sin poseer; en el divino, amar es poseer. Jesús mismo nos lo enseña con su palabra de verdad: «Si alguno me ama, yo también lo amaré, mi Padre lo amará y vendremos a él y estableceremos en él nuestra morada»[3].

---

[3] «*Si quis diligit me, sermonem meum servabit, el Pater meus diliget eum, et ad eum veniemus et mansionem apud eum faciemus*» (Jn 14, 23).

¿Acaso habrá dejado usted de amar? ¡Ah, no!, porque no ha dejado de sufrir, antes se ha acrecentado su martirio, y ese martirio es de amor. No, imposible que usted deje de amar, porque su corazón está de tal modo penetrado de amor, hecho de amor, convertido en amor, que puede exclamar con san Pablo: «Estoy cierto que ni la muerte, ni la vida, ni los ángeles, ni los principados, ni las virtudes, ni las cosas presentes, ni las futuras, ni la fortaleza, ni la altura, ni lo profundo, ni otra criatura podrá separarnos de la caridad de Dios, que es en Cristo Jesús»[4].

¿Dejar de amar? ¡Si con ejemplar resignación acepta su martirio y si con toda la sinceridad de su alma cedió sus consuelos en favor de los sacerdotes!

Y si no ha dejado de amar, si su ternura maternal se ha acrecentado y afinado en el crisol de sus torturas, Jesús no se ha ido de su corazón, no ha podido ni podrá jamás separarse de allí; antes bien, estableció con mayor firmeza su morada en ese corazón y lo llenó con su amorosa plenitud.

---

[4] «*Certus sum enim quia neque mors, neque vita, neque angeli, neque principatus, neque virtutes, neque instantia, neque futura, neque fortitudo, neque altitudo, neque profundum, neque creatura alia poterit nos separare a caritate Dei, quae est in Christo Jesu Domino Nostro*» (Rom 8, 38-39).

¿Qué ha sucedido entonces?

El amor del Padre, por un milagro de su omnipotencia, impidió que los esplendores de la visión beatífica, que llenaban la parte superior del alma de Jesús, descendieran a su parte inferior; y esta porción de aquella alma preciosa vivió en la noche oscurísima del dolor y de la desolación, y sintió aquel terrible desamparo del Padre celestial, que lo hizo exclamar en una queja suprema: «¡Dios mío! ¡Dios mío!, ¿por qué me has desamparado?».

¿El Padre había dejado de amarlo? ¿Ya no tenía en Jesús sus eternas complacencias? ¿Se había roto la unión divina de los dos? ¡Imposible! Si en el amor del Padre a Jesús cupiera aumento, nunca lo habría amado como en la hora trágica del Calvario; pero un milagro estupendo hacía que la parte inferior del alma de Jesús no sintiera ni el amparo, ni el amor, ni la luz, ni las caricias inenarrables del Padre, por más que todas estas cosas divinas llenaran con su opulencia la parte superior de aquella alma santísima.

Pues bien, si las cosas pequeñas se pueden comparar a las grandes, un prodigio lejanamente parecido al milagro de Jesús se realiza en el alma de usted. En esa alma está Jesús llenándola con su majestad, protegiéndola con su unión inefable; pero, por sus altísimos designios de amor, que son un eco pálido pero exacto de los misteriosos designios que torturaron a Jesús, se ha realizado el prodigio de que teniendo el alma de usted la Luz del cielo, esté en tinieblas; y poseyendo la Dulzura de los ángeles, se hunda en incomprensible amargura; y que teniendo al que es Todo, viva en el páramo de una soledad espantosa.

El misterio de su dolor se explica sin explicarse.

Pero ¿cómo, por qué sutiles senderos, por qué arcanos procedimientos, puede brotar la alegría de ese abismo de dolor?

La alegría de quien ama no está vinculada ni a la voz, ni al perfume, ni a los encantos visibles del Amado: la alegría brota de la seguridad del amor, de la certeza de la presencia, de la posesión del Amado, de lo inadmisible de la unión.

Que calle, que duerma, que se esconda, que borre hasta el vestigio de su presencia dichosa; pero si está dentro del corazón que ama, si no se puede alejar de Él, si está unido a ese corazón de una manera inadmisible, si ese corazón lo posee plenamente, todas las tristezas del mundo y todas las amarguras del infierno no impedirán jamás que brote, como fuente que salta hasta la vida eterna, la triunfante alegría del amor satisfecho, del amor que posee al Amado con unión indisoluble, que lo lleva en los íntimos senos de su alma, sino que nada ni nadie se lo pueda arrebatar jamás.

Pero la explicación no está completa.

La fe, la lucecilla que fulgura en las tinieblas sin que las tinieblas la puedan extinguir, mostrará al alma de manera arcana la presencia del Amado; pero la fe da la certeza del Amado sin su divino contacto.

¿No hará Él sentir al alma de manera experimental que en ella está, que en ella vive con unión estrecha, con perfecta y mutua posesión? ¡Ah, sí!, y vamos a tocar el misterio estupendo del dolor que se trueca en alegría.

El dolor del alma es ausencia, alejamiento, separación; los pecados ajenos produjeron ese dolor incomparable; pero el amor de los cielos toma con sus manos de Mago divino aquel dolor, que es fruto del pecado, y lo convierte en vínculo de amor y lazo de unión.

Y el alma atónita descubre que aquel dolor es emanación del dolor del Amado, que es su perfume, el aroma de mirra que en Él se mezcla con el aroma del incienso y de los nardos, con todas las emanaciones del Paraíso.

Y con luz del cielo, vislumbra que un vínculo más estrecho que el de las caricias celestiales, que un lenguaje más elocuente que la música divina de la voz amada, la enlazan con Jesús en profundo misterio; que aquel martirio que ella sufre es el de Jesús, la íntima emanación del Corazón divino; que un mismo dolor y una misma inmolación enlazan los dos corazones.

Y en un arranque de amor misterioso, pero triunfal, al Amado que había perdido en el huerto edenial de las delicias lo encuentra más bello, más íntimo, más suyo, en el monte de la mirra y goza en la cumbre divina de *la perfecta alegría,* mientras el día se extingue y las sombras se inclinan melancólicamente..., *donec aspiret dies et inclinentur umbrae...*[5].

---

[5] Cant. II, 17. Huelgan los comentarios ante esta página que no puede menos que calificarse de sublime. No creemos que haya algún autor ni místico alguno que haya dado una explicación tan profunda y adecuada de cómo pueden enlazarse en un alma el gozo y el dolor. Y para, que nada faltara, todo está expresado con incomparable poesía, como si el autor se sintiera contagiado ya con la melancolía del atardecer de aquella vida que se apagaba...

9. LA ALEGRÍA DE SUFRIR LO QUE SUFRIÓ JESÚS

Cualquier dolor puede ser motivo de alegría, porque, aunque sea por su natural ausencia del Amado, el amor lo convierte en vínculo estrechísimo de unión con Él.

Pero los dolores que son participación de los de Jesús tienen otro motivo para trocarse en alegría por un nuevo triunfo del amor.

Todo lo de Jesús es motivo de íntimo gozo para quien lo ama; los lugares que santificó con su presencia, las cosas que guardan su espiritual perfume; hasta los instrumentos de su Pasión que estuvieron en contacto íntimo con su Humanidad sacratísima, o más bien, sobre todo esos instrumentos —como la Cruz, los clavos, las espinas—, porque son monumentos de su amor inefable, que tan grandes dolores lo hizo sufrir por nosotros.

Más, mucho más que esas cosas exteriores, llenan de alegría los corazones que le aman, las íntimas, aquellas que son algo de Él. ¡Con qué gozo guardaríamos un cabello de su cabeza, una gota de su sangre!

Pues bien, en cierto sentido, para quien ama, más dulce que poseer un cabello de Jesús es participar de los sentimientos y dolores íntimos de su Corazón: amar como Él ama, sufrir lo que Él sufre, beber en el mismo cáliz de amargura en el que Él bebió.

Y esto se realiza de manera inefable cuando se participa de los dolores íntimos de Jesús.

¡Oh!, cualquier dolor puede enlazarse con el dolor de Jesús, como cualquier alegría puede relacionarse con la suya, conforme a la amplísima y amorosa concepción de san Francisco de Asís; pero el dolor que tiene el mismo origen, el mismo fin, los mismos caracteres que el dolor de Jesús; el que sufre porque el alma está con Él estrechamente unida, el que parece un eco de los latidos dolorosos de su Corazón y desbordamiento íntimo de su amargura; ¡oh!, ese dolor es para el alma enamorada más precioso que todas las alegrías, y poseerlo le basta para ser dichosa en el destierro; para anhelar que se retarde la entrada a la Patria, en la que no se sufre; para decir con santa Magdalena de Pazzis: *¡No morir, sino padecer!;* para exhalar el grito triunfal de la esposa de los Cantares: *Hacecillo de mirra es para mí mi Amado; morará sobre mi corazón*[1].

La alegría del cielo es participar de la alegría de Jesús, de aquel secreto que llevó escondido en su alma durante su vida mortal y que no nos lo descubrirá y comunicará sino en la morada eterna; pero la alegría de la tierra es participar del secreto inenarrable de sus íntimos dolores, de su martirio hondísimo, de su incomprensible amargura.

Entre el Tabor y Getsemaní, el alma enamorada no vacila, sino que establece su morada definitiva en el Huerto de la agonía.

El Tabor es la luz radiante, el consuelo dulcísimo, la palabra celestial; pero en la tierra el Tabor es fugaz. Así debe ser, porque para participar de la alegría de Jesús tenemos la eternidad, en tanto que para sentir sus dolores no tenemos sino los breves y rápidos instantes del tiempo.

Por eso san Pedro no sabía lo que decía cuando anhelaba permanecer en la cumbre radiosa y levantar tres tiendas para perpetuar la visión de los cielos. ¿Por qué ha de ser bueno permanecer allí, si la visión celestial impediría la gloria del dolor y su *perfecta alegría*?

---

[1] «*Fasciculus myrrhae dilectus meus mihi, inter ubera mea commorabitur*» (Cant 10, 12).

El grito de san Pedro es muy humano, pero no es divino. Todos exhalamos ese grito cuando fulgura en nuestra alma un relámpago de gloria. Usted misma, sin darse cuenta, quisiera vivir en el Tabor, porque son un Tabor las palabras dulcísimas de Jesús, y sus consuelos íntimos, y las delicias inefables de su presencia divina.

Comprenda que su gozo no es en la tierra la gloria del Tabor, sino *la perfecta alegría* del Huerto de los Olivos.

El Tabor es el cielo que se vislumbra, como se descubre el azul del firmamento cuando se desgarran las nubes tempestuosas. Y Dios hace a las almas vislumbrar el cielo para que puedan beber del cáliz de Getsemaní, para que su fe se avive, para que se robustezca su esperanza, para que se encienda su amor, para que la dicha presentida las haga fuertes para el dolor que la conquista.

Por eso los que fueron a Getsemaní subieron antes al Tabor; por eso en medio de la visión espléndida se hablaba del *exceso que se había de consumar en Jerusalén*[2].

Entre los esplendores del Tabor proyecta su sombra la Cruz, como en el fondo de la amargura de Getsemaní palpita el misterio de *la perfecta alegría*.

---

[2] «*Dicebant excessum ejus (Jesu) quem completurus erat Jerusalem*» (Lc 9, 31).

10. LA ALEGRÍA DE TRANSFORMARSE EN JESÚS POR EL DOLOR

HAY ALGO MEJOR QUE poseer lo íntimo del Amado: transformarse en Él.

Si bien se considera, la meta suprema del amor es la unidad; encontrar al Amado, acercarse a Él, tocarlo, poseer algo suyo, son cosas que halagan al amor, pero no lo satisfacen; lo halagan, porque son el camino para la unidad; pero no lo satisfacen, porque no son aún la unidad, que es el descanso pleno del amor.

Los que se aman, dice Aristóteles, desean que de los dos se haga una sola cosa; y san Agustín escribe que el amor es cierta vida que une o intenta unir dos cosas, esto es, el que ama y lo que se ama. Dios, que es caridad, es unidad infinita, y quien se adhiere a Dios se hace con Él un solo espíritu[1], enseña san Pablo.

---

[1] «*Quid adhaeret Domino, unus spiritus est*» (I Cor 6, 17).

La satisfacción cumplida del amor es hacerse una sola cosa con el Amado de la manera que esto es posible; y como *la perfecta alegría* es la satisfacción plena de un amor profundo, el alma encuentra *la perfecta alegría* cuando logra esa unidad que sueña.

Por eso el alma que ama a Jesús encuentra su *perfecta alegría* cuando se transforma en Él, puesto que la transformación es unidad; transformarse en el Amado es dejar de ser lo que se es, en el sentido que es posible, para ser lo que es el Amado; perderse a sí mismo para proyectarse, por decirlo así, en el Amado divino.

Ahora bien, hay dos maneras de transformarse plenamente en Jesús: la del cielo y la de la tierra. La primera es inefable; se realiza en la alegría inmortal; y aunque esta transformación se desarrolla en la tierra, solamente se consuma en el cielo. Por eso las almas enamoradas de Jesús suspiran por la unión eterna y este anhelo ardentísimo es para ellas el supremo martirio.

La segunda manera de transformarse en Jesús no se realiza en el cielo. Lo supremo de Jesús es su sacrificio, su dolor. *Nada hay en el universo como Jesucristo, y nada hay en Jesucristo como su sacrificio,* dijo Bossuet. En verdad, la obra suprema de Jesús, el fruto maduro y opulento de su vida es el sacrificio; con él dio al Padre la mayor gloria; con él enriqueció a las almas con gracias copiosas; el sacrificio es su obra maestra, la última palabra de su amor, el descanso de su Corazón enamorado, su gloria soberana.

Pero el sacrificio, que es dolor, no existe en el cielo sino como un recuerdo; quizá un recuerdo misteriosamente real y viviente, puesto que san Juan vio en el cielo «al cordero como inmolado»[2], pero al fin un recuerdo; a la manera que la alegría de los cielos es en este mundo una esperanza; segura, dulcísima, pero únicamente una esperanza.

Para transformarse en Jesús doloroso, en Jesús crucificado, que es Jesús en su obra magistral y en su gloria magnífica, no tenemos sino los breves instantes del tiempo, sino los estrechos límites de este mundo, única patria del dolor.

Por eso las almas que tienen la ciencia profunda del amor anhelan que el destierro se prolongue y prefieren vivir a morir, aunque la muerte sea el dintel de la vida eterna; porque quieren aprovecharse de esta vida fugaz para transformarse en Jesús crucificado, única ciencia que san Pablo quería poseer[3] y que solamente se

---

[2] «*Vidi agnum Agnum… tanquam occisum*» (Ap 5, 6).

[3] «*Non enim judicavit me scire aliquid… nisi Jessum Christum, et hunc crucifixum*» (I Cor 2, 2).

consuma cuando el alma puede exclamar con el mismo apóstol: *Christo confixus sum cruci* (estoy enclavado con Cristo en la Cruz)[4]; y *lejos de mí gloriarme, sino en la Cruz de Cristo*[5].

Enclavarse en la Cruz del Amado es una forma de transformarse en Él, de dejar de ser lo que somos para ser lo que Él es: sacrificio y dolor.

Y si el supremo dolor del alma es perfecta transformación en Jesús, es por lógica consecuencia *perfecta alegría.*

Podríamos decir que Jesús es la alegría eterna y el dolor supremo enlazados por un amor inenarrable; y el alma que aspira a ser una sola cosa con Jesús necesita transformarse en alegría y en dolor por la magia divina del amor que transforma y unifica.

Pero el dolor y la alegría solamente en Jesús pudieron unirse conservando ambos su espléndida plenitud. Para las almas, en el cielo habrá la plenitud de la alegría, y solamente conservarán del dolor un recuerdo misterioso, a la manera que Jesús aparece en el cielo como *inmolado.* En la tierra, las almas poseen

---

[4] «*Christo confixus sum cruci*» (Gal 2, 19).

[5] «*Mihi autem absit gloriari, nisi in cruce Domini nostri*» (Gal 6, 14).

la plenitud del dolor y esconden en sus senos profundos una alegría que es una esperanza y una realidad misteriosa.

En los cielos y en la tierra las almas pueden ser otro Jesús, esto es, una alegría celestial y un dolor incomprensible, unidos por un amor arcano. Pero en el cielo, la alegría es gloria, y el dolor es un misterio; y en la tierra, el dolor es majestad, y la alegría es arcano.

¿Vislumbra el misterio de *la perfecta alegría*?

La gloria del amor, en el cielo, es envolverse en los divinos esplendores de Jesús y sumergirse en su eterna dicha. La gloria del amor, en la tierra, es enclavarse en la Cruz de Cristo, hundirse en su amargura, beber en el cáliz de su dolor inmenso.

La eterna alegría es la visión beatífica; *la perfecta alegría* de la tierra es proyectarse en Jesús crucificado por un milagro de amor, llevar en nuestro cuerpo sus estigmas y en nuestra alma su martirio; enclavados en su Cruz por fuera y llevar por dentro la Cruz misteriosa de su Corazón divino.

Las dos alegrías las enlaza san Pedro en una frase insondable: *communicantes Christi passionibus gaudete, ut et in revelatione gloriae eius gaudeatis exsultantes* (participando de los sufrimientos del Cristo gozad —alegraos—, para que en la revelación de su gloria gocéis llenos de regocijo)[6].

El alma que ama con profundidad, que posee la ciencia del amor, no se consolaría jamás de no haberse transformado en Jesús por el dolor; y si en el cielo cupiera tristeza, estaría eternamente triste, si en la tierra no se hubiera tendido sobre la Cruz del Calvario y no hubiera llevado dentro la Cruz del Corazón divino.

Afortunadamente, las dos alegrías, la del cielo y la de la tierra, están entre sí divinamente enlazadas; y para alegrarse en la revelación de la gloria de Jesús es preciso haber sentido antes *la perfecta alegría* que brota de la comunión de dolor con Él.

Claro está que cuanto más abundante sea el cáliz del dolor de Jesús que beba nuestra alma, más copiosa y *perfecta* será nuestra *alegría*; por eso las almas enamoradas de Jesús tienen sed insaciable de sufrir; por eso alguien dijo: «Lo único que sentiré dejar al partir de este mundo es el dolor»; y santa Teresa del Niño Jesús: «Encontré en el mundo la felicidad y la alegría, pero solamente en el dolor».

Y cuanto los íntimos dolores de Jesús superan a los demás que sufrió por nosotros, *la perfecta*

---

[6] I Pe 15, 13.

alegría que de esos dolores íntimos nace, supera a la que brota de todos los demás dolores.

Y aún me atrevo a decir que no está completa *la perfecta alegría* cuando el alma no ha recibido, como preciosa herencia, los dolores íntimos de Jesús; porque sin ellos la transformación de Jesús no está consumada, puesto que no es perfectamente Jesús quien no tiene en su corazón la lanza, las espinas y la Cruz que Él lleva en el suyo.

¡Dichosa usted, que ha recibido esa herencia preciosa! ¿Qué importa que lleve en su alma crudelísimos e inenarrables dolores, si por ellos es Jesús, si por ellos está en Él perfectamente transformada, si por ellos guarda en su corazón tesoros riquísimos de *perfecta alegría*?

Es preciso que sea perfectamente Jesús crucificado; que el dolor destruya todo lo que usted ha sido, que la convierta en todo lo que Jesús es. Y Jesús es un dolor inmenso que esconde una divina alegría. Eso sea usted: la proyección del dolor de Jesús en el alma que lo ama, para que debajo de esas cenizas de dolor se oculte el fuego divino de *la perfecta alegría*.

Para completar lo dicho conviene notar cómo, al hacer Dios del dolor un medio eficacísimo para nuestra transformación en Jesús y aun un rasgo esencial para que esa transformación se complete y se consume, obtuvo una señalada victoria contra el demonio y realizó con la omnipotencia de su amor el prodigio ya señalado, de sacar del mal un bien supremo y de convertir en *perfecta alegría* lo que debía ser hondísima tristeza.

Según los designios de Dios en el Paraíso, el hombre estaba destinado para transformarse en Dios y para que de esta suerte glorificara a Dios y obtuviera su felicidad. El demonio trastornó esos divinos designios, impidiendo por el pecado de Adán la transformación divina del hombre y la gloria de Dios e introduciendo en el mundo en lugar de la alegría y la paz que habían de reinar en el Paraíso, la tristeza y el dolor del fracasado destino del hombre y del alejamiento de Dios.

Pero Jesús tomó la obra misma del demonio, el dolor, e hizo de él su vestidura y su gloria, y lo convirtió en instrumento de redención y manantial de dicha por la magia de su amor.

Y de las ruinas de los fracasados designios de Dios hizo surgir otros más bellos y más dulces, para que, en vez de que el hombre se transformara en Dios en la paz y en la alegría, llegara a la cumbre de esa transformación divina por medio del dolor, asemejándose al Hijo de Dios, que se hizo el Hijo del hombre y llegó a ser el hombre de dolores.

Como la humanidad, cada alma se transformará ahora por ese extraño sendero del dolor.

En el Paraíso se santificarían las almas por el amor que se iría desarrollando en medio de la paz y de la alegría. Seguramente en aquel jardín delicioso las almas gozarían de la abundancia de los divinos consuelos; quizá aquellas íntimas comunicaciones de Dios con Adán de que nos hablan las primeras páginas del Génesis[7] se extendería todos los hombres, y en medio de aquella dulce intimidad se realizaría en el Edén la transformación divina.

Por eso ahora *la perfecta alegría* consiste en el dolor perfecto; y cuando las almas saborean la inmensa amargura de los dolores íntimos del Corazón de Cristo, gustan anticipadamente de la dulzura de los cielos, porque gozan de la alegría inenarrable de transformarse en Jesús, de ser Jesús crucificado.

Pero hay en el amor bienes más dulces y hondos que los bienes del que ama: son los propios del Amado; ya que quien ama se olvida totalmente de sí misma para no pensar sino en el Amado y vivir de su vida y gozar de sus gozos.

Y aunque es verdad que los bienes señalados son bienes divinos, porque dan al alma la

---

[7] «*Et cum audissent vocem Domini Dei deambulantis in paradiso ad auram post meridiem...*» (Gen 3, 8).

posesión del que ama, hay otros bienes que son más propiamente del Amado y que el alma los hace suyos, porque son de Él, y estos engendran en ella más pura y honda y *perfecta alegría*.

Estos bienes fueron señalados en la primera parte de los Ejercicios al recorrer los diversos matices del dolor; pero conviene considerarlos ahora que poseemos la clave de *la perfecta alegría*.

Recordará usted que señalamos principalmente: la gloria del Padre, el consuelo de Jesús y *el descanso del Espíritu Santo*.

¿Cómo el divino amor saca estos bienes altísimos de aquello mismo que parece contrariarlos?

Así como la felicidad de las almas consiste en que sean bañadas, por decirlo así, por los esplendores de la gloria de Dios, así la desventura de ellas, que es el dolor sin esperanza ni consuelo, es la noche tristísima a la que no llegan esos divinos esplendores.

El pecado es el supremo enemigo de la gloria de Dios, y cuando el pecado se hace irremediable y eterno se convierte en la eterna desgracia.

Cierto que también el lugar maldito es un monumento a la gloria de Dios; pero la gloria que hace felices a las almas es la gloria que brota del corazón impregnada de amor, no la gloria de la justicia que brilla contra la voluntad de los réprobos. Estos eternamente contrarían, por su obstinación en el pecado, por su odio irremediable a Dios, la gloria divina. El clamor del infierno es un grito de hostilidad eterna contra la gloria de Dios. Por eso son desventuradas esas almas; por eso viven en dolor sempiterno. Por su naturaleza, el dolor y la gloria divina son cosas opuestas.

Y he aquí que el amor omnipotente realizó en Jesús el prodigio estupendo de conciliar el dolor y la gloria, de hacer que los sollozos del dolor se trocasen en cántico de gloria, de levantar magnífica y espléndida la mayor gloria de Dios sobre el pedestal forjado por su enemigo, sobre el pedestal del dolor.

El dolor de Jesús es el conjunto de todos los dolores, el supremo dolor; la Escritura lo llama dolor de infierno; y en verdad ¿qué le falta a ese dolor divino para ser como el de los réprobos? Tiene el desamparo de Dios, lleva el sello de la maldición divina; es hondo y amargo como el océano; tiene por origen el pecado, todos los pecados del mundo. Es verdad que tiene esperanza y consuelo; pero ¿por ventura sintió Jesús el consuela y la esperanza en medio de sus inenarrables dolores?

Y ese dolor como de infierno se trocó en la mayor gloria de Dios…

La gloria de Dios es el conocimiento, el amor y la alabanza de Dios y de sus atributos;

la mayor gloria será, por consiguiente, el mayor conocimiento, el amor más perfecto, la alabanza más sonora.

La mayor gloria de Dios es el cielo, porque allí el conocimiento es visión beatífica; y el amor, posesión felicísima; y la alabanza, el cántico nuevo y perfecto que oyeron Isaías y san Juan: *¡Santo, Santo, Santo!*

Por eso el cielo es la alegría y la felicidad perfectísimas e interminables.

En la tierra, la mayor gloria que pueden dar a Dios las almas es la santidad, que es espléndida sabiduría, amor purísimo y perfecta alabanza.

Jesús es la suprema gloria del Padre, porque ninguna criatura, ni el más alto de los serafines, pueden igualar ni su sabiduría, ni su amor, ni su alabanza.

Se comprende que estas tres cosas produzcan en las almas una alegría celestial, y en Dios la alegría sustancial e infinita.

Pero el profundo conocimiento de una cosa trae consigo el conocimiento igualmente profundo de su contrario. Nadie aprecia las disonancias como el artista que comprende la armonía. Por eso nadie como Jesús conoció el pecado; y murió para destruirlo y dar así a Dios la mayor gloria posible, como veremos enseguida.

11. LA ALEGRÍA DE DAR A DIOS LA MAYOR GLORIA POR EL DOLOR

Quien ama un bien odia el mal contrario, y la medida de este odio es la magnitud de aquel amor. Más aún, ese odio es una forma de aquel amor.

Y de la misma manera, vituperar el mal es consecuencia lógica de alabar el bien y aún es otra forma de alabanza.

De aquí se desprende que el conocimiento, el odio y el vituperio del pecado es también una forma de la gloria de Dios.

Dios conoce plenamente la fealdad del pecado, lo odia con odio infinito y lo vitupera y castiga de manera espantosa; pero para Dios el conocimiento, el odio y el castigo del pecado no son dolor, sino gozo infinito.

Pero en nosotros, que podemos sufrir, esa forma de glorificar a Dios es dolorosísima y aún puede ser mortal, como en aquella pecadora de que se habla en la *Vida de los Padres del Desierto* que murió súbitamente por *la impetuosidad de su arrepentimiento lleno de amor,* como dice santa Teresa del Niño Jesús.

Esa pecadora glorificó a Dios por su arrepentimiento heroico y fue tal esa gloria que, como dice la misma santa, *el solitario vio cómo en el mismo instante su alma* (la de la pecadora) *fue llevada por los ángeles al seno de Dios*[1].

El dolor en ella fue gloria de Dios; pero ese dolor se refería a sus propias culpas. Quien ama a Dios intensamente y mira con profundidad y luz divinas todos los pecados del mundo es lógico que conciba un dolor proporcionado a su conocimiento y a su amor; y la impetuosidad de ese dolor, impregnado de amor, puede por sí mismo darle la muerte o impulsarlo a soportarla en expiación del pecado. ¿No es en este caso la mayor gloria de Dios el dolor y la muerte?

Eso aconteció a Jesús. Nadie como Él conoce a Dios, y lo ama y lo alaba y, por consiguiente, nadie como Él conoce el pecado y lo odia y lo vitupera. Miró con mirada hondísima todos

---

[1] Se trata de la pecadora Paesía, convertida por el Abad Juan. A santa Teresa del Niño Jesús le encantaba esta narración de la *Vida de los Padres del Desierto,* y, de haberla conocido antes, la hubiera insertado en *La historia de un alma.*

los pecados del mundo, los odió con odio incomprensible y quiso castigarlos en sí mismo de manera espantosa para librar a los pobres pecadores. ¿No es la expiación el castigo voluntario y amoroso del pecado? Y Jesús sintió el supremo dolor y soportó la muerte más ignominiosa por odio al pecado, para castigar en sí mismo y borrar todos los pecados del mundo.

¿Se puede dar a Dios una gloria más grande? Morir por odio al pecado, que es tanto como morir por amor de Dios, es la mayor gloria que el hombre puede dar a Dios. Me parece que esta gloria tiene un destello de infinito por la inmensa distancia que hay entre la vida que se entrega y la muerte que se acepta. Para Dios el infinito es vida, y se diría que para el hombre es la muerte aceptada una especie de infinito. Por eso para Dios el supremo amor es dar la vida; para el hombre, *nadie tiene mayor amor que el que da la vida por sus amigos*[2].

Pero Jesús combinó de prodigiosa manera los dos infinitos. El divino se hundió en el abismo del humano. Jesús, que es Dios, se entregó a la muerte para glorificar a Dios, y del fondo del infinito humano surgió la obra del infinito

---

[2] «*Majorem hac dilectionem nemo habet ut animam suam ponat quis pro amicis suis*» (Jn 15, 13).

divino, y del seno del dolor y de la muerte surgió la vida eterna:

Qua vita mortem pertulit
Et morte vitam protulit[3].

Canta la Iglesia: En la Cruz la vida sufrió la muerte y por la muerte produjo la vida. Por eso la Cruz es el supremo monumento de la gloria de Dios.

¿Puede darse a Dios mayor gloria que la que le da un Dios que muere por amor a Él y por borrar todos los pecados del mundo?

Y Jesús quiso asociarnos a esa gloria suprema. Unido a nosotros de manera inefable, haciéndonos sarmientos de esa Vid, que es Él mismo, miembros de su Cuerpo místico y otros Cristos por nuestra transformación en Él, nos legó como preciosa herencia el privilegio de completar su Pasión, de ofrecernos en el mismo cáliz e inmolarnos en el mismo sacrificio; nos comunicó el gozo y la gloria de dar a Dios la mayor gloria por el dolor y por la muerte.

Nos dio también, es verdad, la prerrogativa de dar la vida, de glorificar a Dios por una

---

[3] Himno «Vexilla Regis».

participación de su fecundidad inefable; pero, por opulenta que sea en nosotros esa divina participación, es siempre limitada; en tanto que la gloria del dolor y de la muerte tiene en nosotros un destello de infinito; para nosotros, la mayor gloria de Dios es sufrir y morir por ella, unidos a Jesús.

¿Comprende cómo esa gloria de Dios en nosotros produzca *la perfecta alegría*? ¿Vislumbra la estupenda alquimia de Jesús que transforma el dolor, que es destello del pecado, en *la perfecta alegría,* que es destello de la gloria de Dios?

Pero si todos los dolores pueden transformarse en alegría por ese divino procedimiento, claro está que ningunos lo producirán tan pura, tan honda, tan intensa, como esos dolores que son más propiamente participación de los dolores divinos; que proceden de los mismos manantiales que el de Jesús; de la luz del amor, de la alabanza, o más bien de la luz que penetra en el abismo del pecado, del odio que anhela destruirlo, de la expiación que lo castiga en el inocente para salvar al culpable; claro está, digo, que ningún dolor como estos producirá *la perfecta alegría,* porque ninguno como ellos glorificará a Dios; porque estos inefables dolores están armados de esencia celestial; porque son destellos espléndidos de la mayor gloria de Dios, que Jesús dio al Padre en su augusto sacrificio.

Sé muy bien que usted aprecia la gracia inestimable que Jesús le ha concedido de participar de sus íntimos dolores; sé muy bien que la ama y la guarda como tesoro de los cielos; pero me atrevo a decirle que, con ser tan grandes ese aprecio y ese amor, apenas sospecha lo que vale esa gracia estupenda, que vagamente vislumbra; la gloria que de esos hondísimos dolores recibe el Padre; y por eso apenas presiente el grandioso misterio de *la perfecta alegría*.

Si todos los velos se rasgaran; si bañara a su alma la plenitud de la luz divina; si apareciera ante sus ojos atónitos el prodigio celestial en su esplendor eterno, en su divina magnificencia, en la majestad de su hermosura, la embargaría el gozo de los cielos, se trocaría en radioso Tabor su *perfecta alegría*; y no sé si usted moriría de gratitud, de amor o de gozo…

Pero eso no sucederá en la tierra, porque se acabaría el dolor, porque se disiparía la gracia insigne, como se disipan en ciertas regiones las nubes cuando las bañan los rayos fulgurantes del sol.

En la semiclaridad del destierro, llevará usted en su corazón el tesoro de los arcanos dolores, sin tiendo su intensa amargura, glorificando al

Padre con la gloria de Jesús; y escondido en el fondo de su alma, como Jesús lo llevaba en lo íntimo de su Corazón, guardará el secreto inenarrable de la *perfecta alegría,* hasta que el esplendor de la luz eterna disipe el nublado de sus dolores y el alma goce de *la perfecta alegría* que llenará todos los horizontes, y el dolor, trocado en glorioso y viviente recuerdo, se oculte en el corazón como un misterio; o más bien circunde al alma como una aureola arcana que brille en la eternidad como un misterioso vestigio del destierro...

12. LA ALEGRÍA DE CONSOLAR
A JESÚS POR EL DOLOR

OTRO DE LOS MOTIVOS de *la perfecta alegría,* especialmente en la participación de los dolores íntimos de Jesús, es el consuelo de su Corazón.

Los sufrimientos de las almas, más que consuelos de Jesús, son a primera vista lo contrario; o más bien, son por su propia naturaleza motivos de tortura para Jesús. *Vere dolores nostros ipse tulit*[1], dice la Escritura. En verdad Él tomó sobre sí nuestros dolores.

Pienso que los tomó, no solamente en el sentido de que Él sufrió lo que nosotros debíamos haber sufrido, sino también en cuanto que nuestros dolores lo hicieron sufrir, esto es, antes de que ellos torturaran nuestro corazón, torturaron el suyo.

En efecto, quien ama siente como propios los dolores del Amado. ¿No lleva una madre en su

---

[1] Is 53, 4.

corazón las penas de todos sus hijos? Sean o no culpables los dolores de los que amamos, sean útiles o no para ellos, los sufrimos como nuestros por las exigencias ineludibles del amor.

¿Cómo no habría de sufrir Jesús nuestros dolores, si nos ama profundamente, si su Corazón es finísimo y delicado, si nos mira como algo suyo, si tiene plena conciencia de nuestra inefable unión con Él?

Y si esto es así, si las torturas de las almas son sus torturas, ¿cómo pudo Jesús encontrar en ellas su consuelo? El consuelo es un alivio del dolor, y los sufrimientos de las almas, sobre todo de las más amadas, sobre todos los dolores más crueles, lejos de aliviar el dolor de Jesús, debieron acrecentarlo.

Así sería en verdad si el amor divino no hubiera producido el prodigio de transformar el dolor, de trocar en consuelo lo que debiera ser tortura.

Para vislumbrar esta transformación conviene distinguir los consuelos *del consuelo,* esto es, los consuelos superficiales *del consuelo profundo*; porque, a mi juicio, no aquellos, sino este es lo que Jesús espera de las almas, lo que hace brotar el consuelo del seno del dolor.

Seguramente que Jesús en su Pasión recibió ciertos consuelos que calificaría de superficiales, si no atendiera sino a lo que aparece: las lágrimas de las mujeres piadosas que Jesús encontró en el camino del Calvario, la presencia de sus amigos al pie de la Cruz, el ardor de san Pedro al echar mano de la espada en el Huerto para defender a su Maestro. Todas estas señales de afecto que le dieron a Jesús en medio de sus dolores fueron sin duda consuelos, pero superficiales, si se comparan con el que voy a explicar y al que llamo sencillamente el consuelo.

Hay en la epístola de san Pablo a los Hebreos una frase profundísima: *Proposito sibi gaudio, sustinit Crucem*[2]. Habiéndosele propuesto el gozo, soportó la Cruz.

Por grande, por bella, por santa que sea la Cruz, no fue, no pudo ser para Jesús la meta de sus deseos y de sus aspiraciones; fue únicamente un medio, capital, precioso, único tal vez, pero nada más que un medio que Él aceptó para obtener el gozo arcano que se le propuso, según la enseñanza de san Pablo.

¿Cuál fue ese gozo? Dar al Padre una gloria suprema, dar a las almas una vida nueva, la verdadera vida, la vida eterna. Se le propuso el gozo cumplido de formar una humanidad

---

[2] Heb 19, 2. Hoy hay acuerdo en afirmar que la Carta a los hebreos no fue escrita por san Pablo, pero no era así en el momento en que este libro se escribió (N. del E.).

nueva, redimida y purificada, incorporada a Él, formando con Él un solo Cuerpo místico; y Él, unido a ella, dar al Padre una gloria suprema que, reflejándose en las almas, las hundiera en un océano de inenarrable felicidad.

Para alcanzar este gozo soportó la Cruz; y la esperanza, la seguridad de este gozo, fue el consuelo de Jesús, su consuelo único.

A la manera que el soldado se consuela de las fatigas y sacrificios de la guerra, soñando en la patria libertada y feliz; a la manera que el artista se siente consolado de sus arduos y prolongados trabajos por la belleza del ideal que ha concebido; a la manera que la mujer, en medio de los terribles dolores del parto, tiene el consuelo del hijo que va a nacer y que lo ama con singular ternura; así Jesús soportó la Cruz con sus dolores, con sus ignominias, con sus desamparos, con sus torturas de infierno, por el hondísimo consuelo de aquel gozo divino que se le propuso a su alma, el gozo de aquel reino espiritual y magnífico que iba a formar con su dolor y con su sangre, que «es justicia, gozo y paz en el Espíritu Santo»[3], que es gloria para Dios y felicidad para las almas.

---

[3] «*Non est regnum Dei esca et potus, sed justitia, et pax, et gaudium in Spiritu Sancto*» (Rom 14, 17).

Nosotros consolamos a Jesús en tanto en cuanto cooperamos a ese consuelo que, siendo único, es riquísimo, es plenitud.

Pero ese consuelo brota únicamente de la Cruz, manantial único de ese gozo arcano. La medida del consuelo que damos al Corazón divino es el grado de nuestra participación de su Cruz.

Todo cristiano debe completar en sí mismo lo que faltó a la Pasión de Cristo, conforme a la extraña, a la audaz, a la profunda expresión de san Pablo[4]; y completándola, consuela a Jesús, porque coopera al sacrificio que produce ese gozo inenarrable.

Y la Pasión de Jesús puede completarla un alma únicamente para sí misma; y entonces su cooperación a la Cruz es exigua, y exiguo el consuelo. O puede completarla, no tan solo por lo que a ella atañe, sino por lo que mira a los demás, esto es, participando de los dolores redentores de Jesús; y entonces coopera en más amplia medida al sacrificio de Cristo y da al Corazón divino más abundante consuelo.

Y los dolores de Jesús pueden participarse con mayor o menor opulencia, con diverso grado de intensidad y perfección, entrando más o menos en las miras del Corazón divino, sintiendo con

---

[4] «*Adimpleo ea quae desunt passionum Christi*» (Col 1, 24).

mayor o menor armonía los íntimos afectos de Jesús que inspiraron y divinizaron sus dolores; y cuanto más honda, más perfecta, más íntima sea esa preciosa participación, más profundo y más dulce y más opulento será el consuelo que el alma brinde a Jesús; porque más cumplido y celestial será el gozo de Jesús al que el alma coopere por su envidiable dicha.

Con razón santa Teresa del Niño Jesús ambicionaba todos los martirios, los de los primeros siglos y los de los últimos tiempos; sin duda esa alma excepcional había vislumbrado que en el dolor está el consuelo de Jesús, y, en su ansia inagotable de consolarlo, le parecían exiguos los torrentes de dolor que en todos los tiempos han envuelto a las almas.

El amor no tiene medida, y tampoco debe tenerla, por una lógica consecuencia, ni el ansia de consuelo ni la sed de dolor.

Sin duda que ningún dolor consuela a Jesús tanto como la participación de sus íntimos dolores, porque ese dolor misterioso es por su propia naturaleza para las demás almas, para las más privilegiadas, y ninguno otro se le puede comparar ni por su amargura, ni por su profundidad, ni por la exquisita sustancia de que está formado.

Un dolor es más perfecto cuanto más intenso, cuanto más puro, cuanto más fecundo, cuanto más divino; y la participación de esos dolores de Jesús constituye un dolor de temple divino, impregnado con el perfume del Corazón de Jesús, y, por consiguiente, un dolor inmenso y amargo como el océano, purísimo como la esencia que Jesús lleva en el alabastro de su Corazón, íntimo a Él como ninguno y manantial de gloria para el Padre y de dicha para las almas.

Quien comprende lo que es, lo que vale, lo que significa ese dolor, quien vislumbra el tesoro de consuelo que encierra para Jesús, lo ama con todo su corazón, lo aprecia más que todas las riquezas del mundo, lo mira como la perla celestial por la cual hay que vender todo lo que se tiene y, a costa de todos los sacrificios y por el sendero de todos los martirios, lo anhela con avidez, lo busca con solicitud; y cuando lo ha encontrado, siente el éxtasis de *la perfecta alegría* y, embriagado con su divino perfume, exclama como la esposa de los Cantares: «Hacecillo de mirra es para mí mi Amado; morará sobre mi corazón»[5].

¿Cómo podrá usted agradecer al Señor esta perla preciosa que le ha dado?

Si todas las penas de su vida, si todos los esfuerzos de su alma, si todos los martirios de su

---

[5] «*Fasciculus myrrhae dilectus meus mihi; ínter ubera mea commorabitur*» (Cant 1, 12).

corazón no tuvieron otra recompensa que esta Cruz misteriosa, ¡oh!, ¡debería estimar como un regalo el don inenarrable! Porque con este don del cielo usted ha logrado el gozo más perfecto, la realización del más hondo anhelo de su corazón maternal: dar a Jesús, no consuelos superficiales y exiguos, sino *el consuelo,* el único que ese Corazón ansía, la opulenta cooperación de dolor al gozo arcano que Jesús soñó.

13. LA ALEGRÍA DE DAR DESCANSO AL ESPÍRITU SANTO POR LA CRUZ

Como queda dicho, el Espíritu Santo es el amor prodigioso que realiza el misterio de *la perfecta alegría*.

El gozo y la alegría son efectos propios del Espíritu Santo, porque son como el perfume y la aureola del amor. La Escritura nos lo indica: *Regnum Dei... iustitia, pax et gaudium in Spiritu Sancto*[1] (El reino de Dios es justicia, paz y gozo en el Espíritu Santo). Jesús se regocijó en el Espíritu Santo: *Exsultavit Spiritu Sancto*[2]. Toda alegría verdadera viene de Él, porque viene del amor.

Pero de manera singular *la perfecta alegría* viene del Espíritu Santo, porque solamente por su influjo directo puede producirse en las almas ese misterioso prodigio.

---

[1] Rom 14, 17.
[2] Lc 10, 21.

La alegría viene del amor satisfecho, y *la perfecta alegría* es el descanso del perfecto amor. Y el perfecto amor es aquel que el Espíritu Santo inspira y mueve. Por eso, para poseer *la perfecta alegría es* preciso amar con el Espíritu Santo y que este amor encuentre su satisfacción y su descanso.

El Espíritu Santo no descansa, sino cuando su obra está consumada; porque, como se dijo ya, el descanso en Dios es la consumación de sus obras.

Ahora bien, la obra del Espíritu Santo tiene dos consumaciones: la del cielo y la de la tierra.

La frase del apóstol explicada antes nos servirá para entender estas dos consumaciones, puesto que la obra del Espíritu Santo en las almas no es otra que la extensión y la reproducción de su obra en Jesús.

San Pablo, en esa frase insondable, nos muestra en dos rasgos magistrales la obra del Espíritu Santo en Jesús: la Cruz y el gozo: *Habiéndosele propuesto el gozo, soportó la Cruz*[3].

La consumación plena de esa obra se realizará en el último día de los tiempos cuando se realice el vaticinio de san Pablo: *Cum autem subiecta fuerint illi omnia, tunc et ipse*

---

[3] «*Proposito sibi gaudio, sustinuit crucem*» (Heb 12, 2).

Filius subiectus erit ei qui subiecit sibi omnia, ut sit Deus omnia in omnibus[4]. Mas cuando se le hayan sujetado a Él (a Jesús) todas las cosas, entonces también el mismo Hijo se sujetará a Aquel que todo lo sujetó, para que sea Dios todo en todas las cosas.

La consumación de esa obra en la tierra fue en el Calvario, cuando dijo Jesús: *Consummatum est* (Todo está consumado). En la Cruz, el mérito; en el cielo, el premio; en la Cruz, la labor fecunda; en el cielo, la mies opulenta; en la tierra, la Cruz soportada; en el seno de Dios, el gozo cumplido.

En la obra del Espíritu Santo en Jesús, la primera consumación es la Cruz. Ni en los misterios de la vida oculta, ni los trabajos apostólicos de la vida pública, ni siquiera en el Cenáculo, misterioso y radiante, se consumó la obra de Jesús; solamente en el Calvario; solamente en las profundidades del Dolor y de la ignominia y de la muerte quedó consumada la obra del Espíritu Santo.

Nótelo bien: la Cruz no es un incidente en la obra de nuestra redención, no es tan solo el rasgo supremo y magistral de esa obra, sino que es

---

[4] I Cor 15, 28.

el centro, la unidad, la clave de esa obra divina. Los misterios que precedieron al misterio del Calvario lo prepararon, constituyen el pedestal grandioso sobre el cual se yergue la figura colosal, única, gloriosa, del Sacrificio de Jesús. Los misterios que después del Calvario se realizaron son la consecuencia lógica, la explosión magnífica, la prolongación inmensa del Sacrificio de Jesús.

Por eso la consumación de la obra del Espíritu Santo en Jesús se realiza en el Calvario, es la Cruz.

Para Jesús hay dos formas, dos explosiones supremas de perfecta alegría: *la del cielo,* que se consumará en el último día de los tiempos, y *la de la tierra,* que se consumó en la Cruz. Y Jesús llevó las dos alegrías escondidas en su Corazón, porque su Corazón es al mismo tiempo *un Calvario y un Cielo.*

Y la obra del Espíritu Santo en nosotros, como se dijo ya, es la renovación de su obra en Jesús; comprende, como en Él, dos realidades sublimes: la participación en la Cruz del Cristo y la participación en su gozo arcano.

Y las dos participaciones llevan consigo su alegría celestial, como nos lo enseña san Pedro: *Communicantes Christi passionibus gaudete, ut et in revelatione gloriae eius gaudeatis exsultantes*[5] (Participando de los sufrimientos del Cristo alegraos, para que en la revelación de su gloria gocéis llenos de júbilo).

Estas dos alegrías de que nos habla san Pedro son las dos formas de *la perfecta alegría*; pero el apóstol nos enseña que la segunda se consumará *en la revelación de su gloria* de Jesús, esto es, en el cielo y en el último día de los tiempos.

La alegría perfecta, que es participación del gozo cumplido de Jesús, la gozaremos *en la revelación de su gloria*; en la tierra, esa alegría es preludio, presentimiento, aurora; nunca llega a su perfección, porque nunca se consuma en esta vida.

Jesús mismo, aunque llevaba en su alma *la alegría perfecta* de la visión beatífica en su vida mortal, suspiraba por aquel gozo cumplido que le fue propuesto y que no había de saborear en su plenitud, sino hasta que se consumara el misterio de la Cruz, que es el manantial de ese gozo inefable.

Para nosotros, en esta vida, tampoco es perfecta la alegría que emana de la participación de ese gozo de Jesús, porque jamás se consuma antes de la muerte. En esta vida, esa

---

[5] I Pe 4, 13.

alegría es relámpago fugaz, esperanza segura, presentimiento dulcísimo, preludio celestial que jamás se convierte en cántico perfecto; es Tabor que fulgura en una noche sagrada, pero en el cual no podemos permanecer a pesar de nuestros deseos.

El Espíritu Santo no consuma jamás en la tierra su obra de gozo; por íntimo, por santo, por opulento que sea el que derrama en nuestros corazones, no es más que esbozo y preparación del gozo eterno. Por eso el Paráclito no tiene en nuestras almas el pleno descanso de la alegría en nuestra vida mortal.

Pero la consumación de la obra de dolor que el Espíritu Santo realiza en nosotros sí es en la tierra; solamente en la tierra es donde se consuma, puesto que en el cielo no existe dolor, sino como un recuerdo viviente y misterioso.

Como Jesús, podemos exhalar en este mundo el *Consummatum est* del Calvario, cuando nos enclavamos en nuestra Cruz definitiva, cuando ninguna porción de nuestro ser escapa al influjo sagrado del dolor, cuando llevamos en nuestro cuerpo los estigmas del cuerpo de Jesús y nuestro corazón es un trasunto del suyo, herido por la misma lanza circuido por las mismas espinas, coronado por la misma Cruz.

Y cuando nuestros labios pronuncian esa palabra suprema, cuando la obra de dolor es en nosotros consumada, el Espíritu Santo descansa en nuestras almas y ese divino descanso es para nosotros el misterio sublime de *la perfecta alegría.*

La Cruz del Apostolado es, a mi juicio, un emblema de *la perfecta alegría*: en ella aparecen todas las formas y matices del dolor y de ellos emana el perfume de esa alegría celestial, como de sus símbolos emanan delicados y celestiales matices de luz. Por eso sobre esa Cruz misteriosa descansa el Espíritu Santo; porque ella expresa su obra divina consumada y perfecta.

Pero la Cruz del Apostolado no está completa: arriba, en la región arcana en la que el Paráclito descansa, comienza un mundo nuevo en la luz celestial que se esfuma en el misterio; se vislumbra, se presiente, se adivina algo *que el ojo no vio, ni escuchó el oído, ni subió jamás al corazón del hombre*[6]; es la consumación celestial de la obra del Espíritu Santo, el descanso eterno del Paráclito, la perfecta, la interminable alegría de los cielos.

---

[6] «*Quod oculus nos vidit, nec auris audivit, neo in cor hominis ascendit, quae praeparavit Deus iis qui diligunt eum*» (I Cor 2, 9).

Vuelva sus ojos hacia el pasado; escrute con luz del cielo las profundidades de su alma; ¿no le parece que está próxima a consumarse la obra de dolor que el Espíritu Santo ha realizado en su alma con amor inmenso, con solicitud exquisita, con gracias opulentas?

Está ya enclavada en la Cruz o más bien está convertida en Cruz viviente. ¿Hay algo en su ser que haya escapado a los dardos sutiles del dolor? Usted ha saboreado todas las amarguras del dolor; las que vienen del cielo, las que se producen en la tierra y las que tienen su origen en el infierno.

Como el de Jesús, su corazón ha sido triturado por extraños dolores, traspasado por lanza misteriosa, circuido de punzantes espinas, y ha recibido, como remate magnífico de esa obra colosal de dolor, la Cruz arcana —una astilla, un trasunto, una miniatura quizá— de la que Jesús lleva en su Corazón.

La obra está consumada: la divina Paloma descansa sobre su Cruz viviente; y ese descanso inefable difunde sobre el corazón de usted raudales de *perfecta alegría* y hace vislumbrar en una luz indecisa que se esfuma en el misterio la región del gozo eterno de Jesús, la patria soñada de la alegría interminable...

14. LA ALEGRÍA DE LA FECUNDIDAD DEL DOLOR

Purísima alegría es hacer bien a las almas; participación y trasunto de algo divino, pues es propio de Dios salvar a las almas y colmarlas de bienes.

Beatius est dare quam accipere[1], dijo Jesús. Es cosa más feliz dar que recibir. Recibir es humano; dar es divino; recibir es propio del indigente; dar es propio de la plenitud. Dios necesita realizar un prodigio para recibir; nosotros necesitamos divinizarnos para dar en el orden sobrenatural.

Exquisita, aristocrática, divina alegría es consolar a las almas, purificarlas, santificarlas, hacerlas eternamente felices; y como cooperadores e instrumentos de Dios, hemos recibido el don de participar de esa divina alegría.

Hacer bien a las almas es darles la vida, es comunicarles a Jesús, que es la vida. Esta fecundidad

---

[1] Hech 20, 35.

espiritual pone en nuestras almas un destello de la fecundidad del Padre, y cuando tenemos la dicha de dar a las almas la vida, podemos exclamar, haciéndonos eco de la divina palabra: *Tú eres mi hijo: te he engendrado hoy*[2].

Toda fecundidad viene del amor y esta fecundidad espiritual viene del amor infinito. Este amor da la vida en el gozo infinito, en la alegría eterna; se diría que el gozo de Dios, desbordándose misteriosamente del seno infinito, esparce el bien y la vida en el universo.

Antes del pecado, Adán, que recibió de Dios el don de comunicar a sus hijos las dos vidas, la del tiempo y la de la eternidad, la hubiera comunicado en el éxtasis de un gozo celestial, hubiera sido el trasunto del Padre que da la vida en la alegría, que es infinitamente feliz engendrando a su Hijo, y que, para celebrar, por decirlo así, esa generación eterna, difunde fuera de sí, como una fiesta colosal, raudales de vida y de alegría.

El pecado arrebató a la humanidad el privilegio de dar la vida eterna y cegó, por tanto, en el mundo el manantial de esa alegría purísima.

---

[2] «*Filius meus est tu: hodie genuit te*» (Sal 2, 7; Hech 13, 33; Heb 1, 5).

Jesús nos reconquistó el divino derecho. *Yo vine,* exclamó un día, *para que las almas tengan vida y para que la tengan en abundancia*[3]. Y no solamente vino a darnos la vida eterna, sino que quiso asociarnos a ese prodigio de fecundidad, haciéndonos instrumentos de su acción y proyectando sobre nuestra miseria el divino destello del Padre, de quien toda paternidad procede[4].

Pero al restaurar el divino privilegio rompió el vínculo que enlazaba la fecundidad y la alegría y creó un nuevo enlace, extraño y misterioso, el de la fecundidad y el dolor; o más bien, no rompió la divina unidad de la fecundidad y de la alegría —porque no puede romperse, porque esos dos caracteres son dos facetas de un diamante indivisible—, sino que, sin separar lo inseparable, puso en la raíz de la fecundidad y de la alegría el misterio del dolor, del cual brotarán necesariamente en adelante esas dos realidades divinas, porque en el fondo de ese misterio se esconde el amor infinito.

La fecundidad y la alegría han brotado siempre y brotarán eternamente, en el cielo y en la

---

[3] «*Ego veni ut vitam habeant, et abundantius habeant*» (Jn 10, 10).

[4] «*A qua omnis paternitas in caelis et in terra nominatur*» (Ef 3, 75).

tierra, del amor; pero antes del pecado, el amor era una fiesta celestial, y Jesús hizo del amor un dolor inmenso.

Siempre será una delicia dar la vida; pero si antes esa delicia era alegría celestial, ahora es *la perfecta alegría* del dolor.

Hace tiempo escribí acerca de *la perfecta alegría,* diciendo que san Francisco de Asís señaló únicamente una fuente de perfecta alegría cuando dijo que esta consiste *en sufrir muchas cosas por Cristo bendito, que tanto quiso padecer por nosotros;* pero que hay otras formas de esa *perfecta alegría,* y enumeré entre ellas la alegría de la fecundidad espiritual.

Ahora rectifico mis conceptos. San Francisco de Asís tenía plenamente razón; porque en el fondo de todas esas formas de *perfecta alegría* se esconde la del dolor que con una intuición genial descubrió el amor seráfico.

Vuelvo a decirlo: dar a las almas la vida eterna es alegría finísima y divina y en este tristísimo destierro podemos gozarla; las almas a las que damos la vida son nuestro gozo y nuestra corona, como dijo san Pablo; y como san Juan podemos decir: *Maiorem horum non habeo gratiam, quam ut audiam filios meos in veritate ambulare*[5]. «Para

---

[5] III Jn 1, 4.

mí no hay mayor gracia que saber que mis hijos caminan en la verdad».

Pero esa alegría de la fecundidad brota del dolor, como la fecundidad misma está con el dolor estrechamente enlazada.

Jesús mismo nos enseñó este enlace: El grano de trigo si no cae en el seno de la tierra y muere, permanecerá él solo; pero si muere, producirá mucho fruto[6]. Las gracias que alcanzamos a las

---

[6] «*Nisi granum frumenti cadens in terrain mortuum fuerit, ipsum solum manet; si autem mortuum fuerit, multum fructum affert*» (Jn 12, 24-25). La Cruz del Apostolado no es un simple escudo o emblema de las Obras de la Cruz, sino que expresa, de *una manera gráfica*, dos cosas muy importantes: por una parte, el ideal de esas Obras, su espíritu, su fin; por otra, los medios para alcanzar ese fin, para realizar ese ideal y adquirir ese espíritu. El fin de las Obras de la Cruz es *el reinado del Espíritu Santo por el sacrificio amoroso, en un ambiente de pureza*. El reinado del Espíritu Santo está simbolizado por la Paloma que parece reinar sobre la Cruz como sobre su trono. El sacrificio amoroso lo representa la Cruz grande y el Corazón de Jesús con sus insignias: la lanza que lo desgarra, la corona de espinas que lo circunda y, sobre todo, la Cruz interna que lo corona. El amor está simbolizado de esta manera: el divino, por la Paloma que representa al Espíritu Santo, el Amor Personal de Dios; el amor humano-divino de Jesús, por su Corazón y por las llamas que lo circundan y que brotan de él. La pureza, por las luces: la que derrama el Espíritu Santo y la que sirve de fondo a todo el emblema.

almas, la vida que les damos, costaran a Jesús dolor sangre.

Las almas sienten muchas veces gozo por los consuelos y dones divinos; nosotros nos regocijamos por nuestra cooperación a la obra divina; pero ¡ay!, Jesús sufrió mucho para que ellas y nosotros gozáramos. Esas gracias, esa vida, están impregnadas de amargura, están amasadas con sangre divina.

Están representadas también las Tres Divinas Personas, fin supremo de toda vida cristiana: el Padre, por la luz que es como el fondo del cuadro; el Hijo, por su Corazón; el Espíritu Santo, por la Paloma.

Los medios para alcanzar este fin también están representados. Desde luego, estos medios —de una manera general— son las tres vías: *purgativa*, *iluminativa* y *unitiva*.

La *purgativa* está representada por la Cruz grande, que simboliza la mortificación en todas sus formas para corregir nuestros defectos, para luchar contra el egoísmo, el amor propio y la voluntad propia, para desprendernos de todas las criaturas. El Corazón de Jesús representa la vía *iluminativa*, que consiste en conocerlo y reproducir en nosotros sus virtudes, sus sentimientos, sus disposiciones, en participar de su vida de sacrificio. A la vía iluminativa la simboliza la Cruz interna, que es lo más íntimo del Corazón de Jesús, que es la participación de su Sacrificio con sus mismos fines: la salvación de las almas y la santificación de los sacerdotes en especial. Y, sobre todo, por la Paloma, ya que el Espíritu Santo es el Amor que *une* al alma con Dios y la consuma en la Unidad.

Partícipes de la fecundidad de Jesús, tenemos que participar también del dolor que la engendra. Santa Teresa del Niño Jesús escribió: *que no se puede hacer bien a las almas buscándose a sí misma;* y refiriéndose también a su obra apostólica en el noviciado: *es preciso que encuentre en todo abnegación y sacrificio;* y también: *¡ah!, la oración y el sacrificio constituyen mi fuerza, son mis armas invencibles.*

Es verdad, la oración y el sacrificio constituyen la fuerza de toda fecundidad espiritual.

Sin duda que lo mejor, lo más eficaz que podemos hacer por las almas, es sacrificarnos por ellas. Pero esto es muy poco decir; sin el sacrificio, ¿qué podemos hacer por ellas?

Usted lo ha visto por su larga experiencia. Inútil sería que por pudor espiritual cerrara sus ojos

---

Pero la Cruz del Apostolado fue en especial la representación gráfica de la vida de la beata Concepción Cabrera de Armida, del camino que recorrió durante toda su vida y del ideal que como nadie logró realizar. En esa época, la última etapa de su vida mortal (cuando practicó estos Ejercicios y en los días siguientes que precedieron a su muerte), participó como nunca de *la Cruz interna de los dolores íntimos* del Corazón de Jesús. Después, el 3 de marzo de 1937, se hundió y fue a perderse en ese océano de luz del Amor divino.

para no ver el bien que ha hecho a las almas; la verdad se impondría hasta con los ojos cerrados. Dios la tomó como instrumento para las preciosas Obras de la Cruz; Dios se ha servido de usted para derramar gracias insignes en los sacerdotes y en otras almas.

¿Puede usted decir lo que esta santa fecundidad no le ha costado? ¿Puede contar y medir y sondear los sacrificios que Dios le pidió para edificar sobre ellos las Obras de la Cruz? ¿Puede usted apreciar lo que cuesta de dolor una sola alma?

Ahora sus dolores se han multiplicado y hecho amarguísimos, profundos, misteriosos. ¿Sabe por qué? Porque se ha acrecentado su fecundidad espiritual; por la magnitud de sus dolores puede apreciar la extensión de su fecundidad.

Quizá antes miraba usted mejor el fruto de sus dolores, porque la obra que tenía usted que realizar era exterior y palpable. Mucho, muchísimo, le costaron las Obras de la Cruz; pero allí están vivas, floreciendo, esparciendo pureza y amor en el mundo.

Ahora palpa hondamente sus crueles dolores, pero apenas vislumbra los santos frutos de ellos. Es que la obra actual de su fecundidad es oculta y misteriosa; tanto más fina y de mayor valía cuanto más escondida aun a sus propias miradas.

Jesús levantó un poco el velo que cubre la obra prodigiosa y le aseguró a usted que los consuelos que ahora le faltan serán consuelos y gracias para los sacerdotes; pero solamente en el cielo verá usted la extensión, la profundidad y la riqueza de los frutos de sus íntimos dolores actuales.

Son los más fecundos de todos, porque son, si así puede decirse, los más divinos, puesto que son participación de los íntimos dolores de Jesús. Más preciosa fue la obra de Dios cuando infundió en el primer hombre el soplo de su boca que cuando formó el cuerpo del barro de la tierra. Más fina es la obra que usted hace actualmente infundiendo el espíritu en las Obras de la Cruz que la que hizo formando el cuerpo de ellas. Por eso los dolores de hoy son inmensamente superiores a los de ayer, con ser los de ayer terribles.

Para la obra cincelada de hoy ha necesitado usted saborear los exquisitos dolores del Corazón divino.

Pero el dolor no rompió el enlace esencial de la fecundidad y de la alegría, sino que dio a esta un nuevo tinte, el que señaló san Francisco llamándolo *perfecta alegría*.

¡Qué gozo dar la vida, dar a Jesús! Pero ¡qué delicia dar la vida como Él la dio, sufriendo y muriendo en la Cruz!

Y cuanto más se asemejan nuestros dolores a los divinos dolores de Jesús, mayor es nuestra fecundidad y más pura y honda nuestra alegría.

Mida usted la fecundidad de hoy por los martirios que sufre; son los de Jesús inefablemente participados.

Y del fondo de esos dolores el Espíritu Santo está ya haciendo brotar —usted lo siente con asombro y con gratitud— los raudales de esa alegría honda y austera, pero que vale más que todas las alegrías humanas y que compensa por su solidez y su paz los dulces consuelos que usted ha cedido generosamente a las almas sacerdotales.

15. LA ALEGRÍA DE HACER FELICES A LAS ALMAS POR EL DOLOR

ME PLACE SEGUIR desarrollando el mismo tema rico y gratísimo de *la perfecta alegría* de la fecundidad, porque en él se miran con mucha claridad enlazadas todas las formas de *la perfecta alegría* y porque esta forma es característica de la misión de usted.

Hacer el bien a las almas, darles la vida, darles a Jesús, es anhelo supremo, necesidad imperiosa, gozo cumplido de las almas que han llegado a la madurez en la vida espiritual. Como los árboles producen sus frutos, como los vivientes engendran a sus semejantes, como el Padre engendra a su Verbo en los esplendores de la santidad, las almas tienen como fruto de su fecundidad virginal dar a Jesús a otras almas; porque la vida es así, esencialmente comunicable y efusiva.

Dar la vida es poseerla plenamente y consumar su dichosa posesión; y consumarla es manantial de alegría en los cielos y en la tierra.

La vida es un don que se comunica sin perderlo, que se acrecienta comunicándolo, que hace tanto más feliz a quien lo posee cuanto con mayor munificencia lo comparte con otros seres. Por eso dice la Escritura de la Sabiduría *quam sine fictione didici et sine invidia communico*[1], «la cual aprendí sin ficción y comunico sin envidia».

Quien posee a Dios anhela comunicarlo con tal ardor con tan vivo impulso, como si el don infinito no cupiera en la estrechez de un alma y fuera menester que se desbordara en otras con abundancia. *Qui non zelat non amat,* dijo san Agustín. «Quien no tiene celo no tiene amor».

Pero en tanto que en el amor humano los celos son egoístas y tienden a aprisionar al amado en una posesión única y exclusiva, el celo en el amor divino es efusivo sin limitación y sin medida, y quien lo posee querría llenar al universo con el Amado.

Por eso en el orden espiritual la esterilidad es un martirio y la fecundidad es dicha y alegría.

Pero desde que Jesús, al restaurar todas las cosas en la Cruz, puso el sello del dolor en todo lo divino que trajo a la tierra, la fecundidad sin perder su alegría se alimenta de dolor; y por divina paradoja, las almas fecundas tienen el dulcísimo

---

[1] Sab 7, 13.

martirio y la costosa dulzura de dar a Jesús. Y encuentran en la gloriosa expansión de su amor una fuente perenne de *perfecta alegría.*

Mas no es esta la única fuente de alegría que brota de la fecundidad. El amor de Dios, sin perder su unidad, sin dejar de ser único, abarca con su opulenta actividad a todas las almas y, aún se podría decir, a todo el universo. El amor del prójimo es consecuencia lógica, prolongación necesaria, del amor de Dios. Y con mayor y especialísima razón, el alma tiene que amar a las almas a las que da la vida. ¿No están indisolublemente unidas la fecundidad y la ternura?

Y amando a las almas a las que hacemos el bien, su gozo es nuestro gozo, su dicha es nuestra dicha, por esa comunicación prodigiosa de bienes que el amor realiza entre los que se aman.

¡Ah! A las veces pensamos que la felicidad es egoísta, que debemos buscarla dentro de nosotros mismos y guardarla con avaricia en nuestro jardín interior; pero no, la felicidad está fuera de nosotros, porque brota del amor, y el amor es éxtasis; nos proyecta fuera de nosotros mismos en los seres que amamos.

Hacer a otros felices es ser feliz; esparcir en torno nuestro la alegría, es poseer la fuente de ella.

¡Qué gozo el de Jesús de salvar a las almas, de hacerlas eternamente felices, de introducirlas en el gozo del Señor! ¿No es este el gozo que se le propuso y por el cual soportó la Cruz?

Cierto que esa Cruz proyecta su sombra de dolor sobre esa fecundidad dichosa, como la proyecta sobre todo lo noble, sobre todo lo santo, sobre todo lo divino que hay en la tierra.

Pero, por un milagro de amor, la Cruz, lejos de disminuir la alegría de hacer el bien, la dicha de dar la vida, la hace más intensa y exquisita.

Dulce es hacer el bien; más dulce hacerlo a costa de sacrificios; delicioso es dar la vida, pero es mayor delicia darla en el dolor; es una dicha que un alma nos deba su felicidad, pero es más perfecta dicha que compremos esa felicidad con martirio.

¡Oh Jesús! No hay felicidad que se compare con tu felicidad, no hay alegría que iguale a la tuya. Nos diste a todos la vida muriendo en la Cruz; nos hiciste felices en medio de los dolores de infierno; nos abriste el cielo, hundiéndote en el abismo del dolor.

¿Es este el gozo inenarrable por el cual soportaste la Cruz?

Y esta *perfecta alegría* de hacer felices a las almas sufriendo, esta mezcla arcana de gozo y de martirio, quiso Jesús que fuera participada por las almas, ya que todo lo suyo es nuestro, y aunque sea en pálido destello, en lejano trasunto, podemos llevar en nuestro pobre corazón el secreto de alegría que Jesús llevaba escondido en su Corazón santísimo.

¿Verdad que todas estas cosas encuentran eco en el corazón de usted? No las había formulado jamás y aun en cierta manera las ignoraba; pero al describirlas mi pluma las siente su corazón, como si mi indiscreta mirada sondeara los senos íntimos de su alma y mi palabra descubriera lo que su pudor esconde, pero que su sinceridad confiesa.

Con el Salmista, puede exclamar —es una fórmula de *la perfecta alegría*—: *Secundum multitudinem dolorum meorum in corde meo; consolationes tua laetificaverunt animam meam*[2]. «En proporción de los dolores que he sentido en mi corazón, tus consuelos han llenado de alegría mi alma».

---

[2] Sal 93, 19.

16. LA ALEGRÍA DE DAR A DIOS UNA FIESTA CON EL DOLOR

EL ALMA QUE DA LA VIDA a otras almas por medio del dolor, no solamente siente la alegría de su propia consumación y la dicha de las almas a las que hace el bien, sino que goza de una alegría celestial, porque dar la vida a las almas es preparar a Dios una fiesta.

Le he hablado de la gloria del Padre, del consuelo de Jesús, del descanso del Espíritu Santo; formas son estas de una realidad divina que apenas vislumbra nuestro espíritu; pero todas ellas están vinculadas con el bien de las almas: este bien es la gloria del Padre, el consuelo de Jesús y el descanso del Espíritu Santo.

La obra de Jesús, toda su obra, es dar a las almas la vida; su gloria es establecer ese reino suyo, glorioso y dulcísimo, que hoy celebra la Santa Iglesia[1] y qué es reino de almas purifica-

---

[1] Esta página fue escrita el día de la fiesta de Cristo Rey, que ese año cayó el 25 de octubre.

das, santificadas, destinadas a ser felices; su gozo, aquel gozo arcano por el que soportó la Cruz, es el establecimiento de este reino de almas, reino que no tendrá fin.

Todas las facetas celestiales de este diamante de *la perfecta alegría* brillan espléndidas en la fecundidad espiritual del dolor.

Por esta razón está tan adecuado a usted el misterio de *la perfecta alegría*.

Demos una mirada profunda a la misión de usted; está escrito que «bueno es esconder el secreto del rey; pero es honorífico revelar las obras de Dios»[2], y el desarrollo de su misión es obra enteramente propia de Dios.

El centro de su vida espiritual —en los Ejercicios del año pasado lo estudiamos cuidadosamente— es la gracia insigne de la encarnación mística.

Sin duda que esta gracia es una transformación en Jesús y, por consiguiente, un misterio de luz, de pureza, de amor y de dolor. Pero ¿qué es lo que caracteriza a esta gracia y cuál es la misión que le corresponde?

Trasunto místico de la gracia única de María, la gracia central de usted, como tantas veces se lo he explicado, es un precioso destello de la

---

[2] *«Sacramentum Regis abscondere bonum est: opera autem revelare et confiteri honorificum est»* (Tob 19, 7).

fecundidad del Padre que el Espíritu Santo puso en su alma para que usted cooperara a la mística formación de Jesús en su propia alma y en las demás. Es una gracia de *divina fecundidad* que tiene a Jesús por término.

Sin duda que esa gracia santifica a su alma y la une estrechamente con Dios; sin duda que trae consigo torrentes de luz para conocer de manera profunda a Dios y a las cosas divinas, y raudales de un amor tierno y purísimo; pero la finalidad esencial de esa gracia preciosa es producir místicamente a Jesús en las almas; es esencialmente gracia de fecundidad. De manera espiritual y mística, constituye a usted madre.

Por eso su misión es ser madre, esto es, dar la vida, dar a Jesús.

Este Jesús formado por el Espíritu Santo —pero con la misteriosa cooperación de usted— vive en su propia alma y vive en las almas de las que es usted madre: las almas de la Cruz, que son ya legión y que se habrán de multiplicar gloriosamente, y las almas sacerdotales que Nuestro Señor ha confiado especialmente a su cuidado espiritual[3].

---

[3] No hay por qué extrañarse de que Dios pida a las almas de elección que cooperen con Él en la santificación de los sacerdotes. Son innumerables los ejemplos que de esto nos ofrece la hagiografía. Más aún, ha habido místicas que

Su misión es dar la vida en el dolor, participar de los sufrimientos de Jesús, particularmente de sus íntimos martirios, para participar también del don prodigioso de dar la vida.

Y si la fecundidad es lo característico de su misión, propio de usted será el inmenso dolor que la fecundidad trae consigo y propia la alegría inenarrable que produce. Su *perfecta alegría* ha de ser la alegría de la fecundidad.

Y para acabar de comprender la obra maravillosa de Dios en su alma, debo decirle que todas esas

---

han influido en la santificación de los sacerdotes, no solo con sus oraciones, ejemplos y sacrificios, sino aun con su doctrina, divinamente comunicada.

Por ejemplo, la beata Angela de Foligno tuvo un grupo de discípulos a los que dedicó la mayor parte de sus escritos para su formación espiritual. En la edición crítica de sus Obras, de 45 capítulos, 36 están dedicados a sus discípulos, a quienes no vacila en llamar *hijos*, y ellos no se avergonzaban de llamarla *madre*.

Quizá el primero en recibir su influjo fue fray Ubertino de Casale; lo sacó de una vida relajada, leyó los secretos de su alma y lo iluminó y abrasó el divino fuego del amor. En sus últimas palabras, decía: *¡Oh hijitos míos!, esforzaos en tener esa caridad para todos los hombres. Porque en verdad os digo que mi alma recibió mayores gracias del Señor Dios cuando lloré y sufrí por los pecados del prójimo con todo mi corazón, que cuando lloré mis propios pecados. ¡Oh hijitos míos!, esforzaos en tener esa caridad…*

divinas realidades: la fecundidad, el dolor y la alegría, emanan de una raíz hondísima, del amor del Padre, cuya participación es el don que recibió del cielo, *la porción de su herencia y de su cáliz*[4].

De este don procede la fecundidad de su alma, porque el amor del Padre da la vida, y de ese mismo don emanan sus dolores inmensos y sus alegrías celestiales; porque ese amor crucifica y beatifica, produce la Cruz y produce el cielo, es la clave de *la perfecta alegría*.

La fecundidad —misterio de dolor y de alegría, porque es misterio de amor—, la fecundidad de usted, que ha agrupado una multitud de hijos *como renuevos de olivo en torno de su mesa*[5],

---

Bien sabido es el gran influjo que santa Catalina de Siena tuvo en la reforma de la Iglesia. El Legado del papa en Italia le pedía consejos. Y ella misma no vaciló en decirle a Su Santidad Gregorio XI sus defectos: su gran afecto a sus parientes y su excesiva indulgencia. Se atrevió también a atacar el lujo de la corte pontificia, reveló al papa su voto de trasladarse de Aviñón a Roma, voto que solo él conocía, y logró que dejara a Aviñón. Tuvo también numerosos discípulos que logró elevar a la unión con Dios, entre ellos a su confesor, el B. Raymundo de Capua.

Podíamos citar también a santa Teresa de Jesús, a santa Catalina de Génova, a santa Teresa del Niño Jesús, etc.

[4] «*Dominus pars haereditatis meae et calicis mei*» (Sal 15, 5).
[5] «*Filii tui sicut novellae alivarum in circuitu mensae tuae*» (Sal 127, 3).

es la fiesta que usted le hace a Dios, fiesta que se prolongará hasta el fin de los tiempos, banquete al que se han de sentar innumerables almas para alimentarse de pureza y embriagarse de amor.

En esta fiesta se enlazan en la unidad del amor todas las formas de *la perfecta alegría*: la gloria del Padre, el consuelo de Jesús, el descanso del Espíritu Santo; la felicidad de las almas, la consumación de la obra de Dios en el alma de usted: todo brotando del dolor, todo llevando a la alegría, todo teniendo como raíz hondísima el amor del Padre inefablemente participado a su alma.

Ahora comprenderá, o vislumbrará al menos, la importancia que tiene para la vida y para la misión de usted esta última etapa espiritual. La caracterizan dos cosas: *la participación de los dolores íntimos de Jesús,* que completará la obra de dolor que Dios ha realizado en usted durante toda su vida, y *la profunda y misteriosa alegría* que comienza a desarrollarse en el fondo de su alma.

Esto es lo que resalta; pero debajo de esas realidades palpables se esconden otras preciosas: la fecundidad que se ha extendido y afinado bajo el influjo de los dolores íntimos de Jesús que usted está participando con mayor abundancia; y el destello del amor del Padre que se oculta en su alma, que es cada día más intenso y que es la raíz profunda de todas estas realidades que señalo.

Y al conocer usted los caracteres propios de esta etapa de su vida espiritual, debe poner su atención y su empeño en esos caracteres que expresan la voluntad de Dios y el camino para consumar su misión.

Ahora lo propio, lo deseable para usted, es poseer plenamente *la perfecta alegría*. Los dolores que entraña este misterio los ha sentido crueles y hondísimos en este último año; la alegría ha brillado a las veces en su alma, como relámpago del cielo.

Dios quiere ahora reunir las dos realidades —como lo está haciendo ya en estos Ejercicios— en su corazón. No ha escatimado el dolor, ni lo escatimará; antes bien, con mayor abundancia lo seguirá derramando en su alma, porque es preciso que el amor crezca, y, creciendo, produzca dolor más copioso; porque es indispensable que se haga más perfecta la fecundidad, y esta está indisolublemente unida al dolor.

No le faltará dolor; ni Dios ni usted quieren que falte, y muchas almas están interesadas en que abunde y sobreabunde. Pero juntamente con el dolor, formando con él un contraste bellísimo, es preciso que se acreciente la alegría que es fruto y corona del dolor, que lleva señales de su origen divino —el amor del Padre— y es indicio cierto de la oculta fecundidad del alma.

Usted ha sentido de qué manera tan misteriosa coexisten en su corazón el dolor y la alegría, un dolor real, una alegría honda y sólida. Solamente el Espíritu Santo con su influjo directo puede realizar este misterio; pero debe comprender que esto es lo que Dios quiere de usted ahora, que esto es lo que lo complace, lo que hace bien a las almas, lo que santifica a la suya y consuma la obra de Dios en ella. Por eso debe poner en este misterio toda su atención y toda su alma.

Pienso que al mismo tiempo que para desarrollar *la perfecta alegría* se necesita un influjo intenso y finísimo del Espíritu Santo en el alma; esta necesita también una adaptación lenta para poseer y saborear el divino misterio, pues es cosa extraña y superior a la vida de nuestra alma adunar el dolor y la alegría, y con mayor razón dolores tan terribles con tan profunda alegría.

¡Que el Espíritu Santo siga realizando en usted el divino prodigio y que su alma se vaya adaptando más y más perfectamente a la acción divina!

17. LA ALEGRÍA QUE NACE
DE NUESTRAS MISERIAS

HAY OTRO MATIZ HONDO y delicado en el misterio de *la perfecta alegría,* el que señala san Francisco de Asís en su maravillosa parábola.

Después de decir el santo en qué consiste *la perfecta alegría,* añade este párrafo, henchido de profundidad y de riquezas: «Y ahora escucha la conclusión, hermano León».

Sobre todas las gracias y dones del Espíritu Santo que Dios concede a sus elegidos, está el de vencerse a sí mismo, y voluntariamente y por amor de Cristo padecer penas, injurias, oprobios y desprecios; porque de todos los dones de Dios no nos podemos gloriar en cuanto no son nuestros, sino de Dios; por eso dice el apóstol: «¿Qué tienes tú que no hayas recibido de Dios? Y si lo has recibido de Él, ¿por qué te glorías como si fuese tuyo?».

Pero en la Cruz de la tribulación y aflicción sí podemos gloriarnos, porque esto es nuestro, y por eso dice el apóstol: *Yo no quiero gloriarme sino en la Cruz de Nuestro Señor Jesucristo*[1].

De ninguno de los bienes que poseemos, así en el orden natural como en el sobrenatural, podemos gloriarnos; porque no son nuestros, porque todos los hemos recibido; aun nuestra misma correspondencia a la gracia que viene de Dios, y, por consiguiente, ni de ella podemos gloriarnos.

Lo único nuestro son nuestras deficiencias y miserias, y de esto sí podemos gloriarnos, como lo hacía san Pablo: *Libenter gloriabor in infirmitatibus meis ut inhabitet in me virtus Christi*[2]. «Con agrado me gloriaré en mis debilidades, para que habite en mí el poder del Cristo».

Para ahondar en esta doctrina conviene notar que la única razón por la que no podemos gloriarnos en nuestros bienes es porque los hemos recibido de Dios y a Él solo corresponde, por tanto, la gloria; porque no son nuestros. Gloriarnos de lo ajeno es falso, es injusto, es un robo. De lo único de que podemos gloriarnos es de lo nuestro, y lo único nuestro —es preciso repetirlo— son nuestras debilidades.

---

[1] «*Mihi absit gloriari, nisi in cruce Domini Nostri Jesu Christi*» (Gal 6, 14).
[2] II Cor 12, 9.

De ellas sí podemos gloriarnos; es nuestra única gloria.

Pero ¿no es absurdo gloriarnos de nuestras miserias? ¿Qué tiene que ver con ellas la gloria? A primera vista, de nuestras miserias debíamos avergonzarnos; y si de algunas no cabe la vergüenza, lo más que podríamos hacer respecto de ellas sería soportarlas tranquila y voluntariamente, pero gloriarnos, jamás.

Y, sin embargo, san Pablo se gloriaba de ellas, y en ellas san Francisco fincaba nada menos que *la perfecta alegría.*

La gloria es de lo bueno, de lo bello, de lo grande; y nuestras miserias vienen de nuestra nada, y tienen por fruto limitar y disminuir los bienes que de Dios hemos recibido; a la manera que en una gruta oscurísima las tinieblas parecen limitar y opacar las luces que en ellas brillan; a la manera que una tierra pobre y estéril hace que degeneren las plantas que en ella nacen.

¿Cómo pudo san Pablo gloriarse de sus miserias? ¿Cómo pudo san Francisco fincar en ellas *la perfecta alegría*?

El fondo de nuestras miserias es la nada, esa nada que circunda los dones de Dios y en cierto sentido los empequeñece.

¿De la nada puede sacarse algo? Sí, de la nada brotó el mundo bajo el imperio de la omnipotencia. De nuestras miserias pueden brotar hasta la santidad y el amor cuando las toca el Amor infinito.

Y es quizá más glorioso para Dios sacar la luz de las tinieblas; la virtud, de las miserias; el bien, del mal, que sacar al universo de la nada; porque la nada primitiva nada es y la nada no resiste; en tanto que nuestras miserias, por una triste combinación de la nada con los restos del bien, son el mal o su estímulo o su fruto, y el mal resiste y hasta se torna en fuerza hostil a Dios, en oposición tenaz a su gloria.

Cuando el amor omnipotente se apodera de nuestras miserias y saca de ellas la vida y el gozo, nuestras miserias se hacen gloriosas.

Pero se dirá que sacar al mundo de la nada es una manera de decir, que la virtud creadora realiza su obra sin materia preexistente. ¿No será también como un juego de palabras decir que Dios saca el bien del mal, que hace brotar la vida de nuestras miserias?

No, la nada de nuestras miserias no es la nada absoluta, es como un parásito que se adhiere al bien, que lo desnaturaliza, que tuerce —por decirlo así— su dirección y descarría su actividad, y hace servir la fuerza del bien contra Dios y hace gemir a la criatura[3], según la expresión de san Pablo, en espera de la libertad verdadera y santa.

Y el amor infinito toma en sus manos omnipotentes lo manchado, lo torcido, y lo trueca en pureza y rectitud, y con las sombras forma luz, y del caos de la disonancia de nuestra miseria hace surgir la estupenda sinfonía de su gloria.

Ya he considerado, en cuanto es posible a mi pequeñez, esta victoria del amor sobre el mal; pero el nuevo matiz que en este hondo misterio quisiera mostrar es que Dios utiliza lo nuestro, lo único nuestro para hacerlo instrumento de su gloria.

Como si un rey enamorado de una campesina la hiciera su esposa y al llevarla a su palacio transportara también a él los groseros vestidos y los humildísimos muebles de la campesina, por ser de ella; y por un prodigio de riqueza y de arte los transformara sin destruirlos, y los embelleciera, y los trocara en objetos preciosos dignos de decorar los regios salones.

¡Cómo se complacería la campesina en mirar así los recuerdos de su antigua miseria! ¡Cómo se

---

[3] «*Omnis creatura ingemiscit et parturit usque adhuc*» (Rom 8, 22).

gloriaría de su pobreza! Y ¡cómo se mezclarían, con su complacencia y su gloria, la gratitud y la ternura para el rey que así la amó!

Esto, o más bien, infinitamente más que esto ha hecho Dios con nuestras miserias. La nada que penetra nuestra pobre naturaleza se unió con el infinito por el asombroso misterio de la Encarnación; y el Verbo, que brotó del Padre rodeado de esplendores santísimos, se envolvió con el manto de nuestra nada, y llevó nuestras miserias, limpias y embellecidas por su contacto, a las regias moradas del cielo, al seno inefable de Dios.

Porque Jesús tomó conmigo nuestras miserias. ¿No lo son el dolor, las lágrimas, la muerte? Y su omnipotente amor las mezcló de tan divina manera con el infinito, que los frutos groseros de nuestra fragilidad y aun los tristes vestigios del pecado se convirtieron en realidades preciosas, en manantiales de gracias, en atavíos del cielo, en monumentos incomparables de la gloria de Dios.

La Cruz es eso: el desposorio del infinito con todas nuestras miserias; y el fruto de ese divino y arcano desposorio es la vida, y la esperanza, y la fecundidad, y el amor, y la gloria de Dios.

Porque la Cruz de suyo era la debilidad, la ignominia, el dolor, la maldición, la muerte;

todas las debilidades de nuestra naturaleza y todas las consecuencias del pecado se concentran en ese áspero madero, en ese infamante suplicio; pero Jesús se enclavó en ella, pero Jesús se desposó amorosamente con ese conjunto trágico de nuestras miserias, y embelleció la Cruz, y la hizo fecunda; y sin destruir lo que es la Cruz, sin quitarle al dolor su amargura, ni a la ignominia su bajeza, ni a la muerte su horror, se sirvió de todas esas cosas nuestras para llenar al mundo de realidades divinas.

En el principio de los tiempos Dios elevó al hombre a un mundo sobrenatural, pero formado con material divino, si se me permite la expresión; pero cuando el Verbo, enamorado de la pobre humanidad decaída y miserable, vino a restaurarlo todo, reconstruyó su obra del Paraíso, más bella y admirable quizá, pero con materiales humanos, con el acervo de nuestras miserias, con materiales impregnados de nuestra nada y hasta teñidos con los vestigios y con los estigmas de nuestros pecados.

Y nuestras miserias se hicieron gloriosas, y a la alegría de nuestra liberación y al gozo de nuestra esperanza, se mezclaron la gratitud y la complacencia y la gloria de que, en el combate y en el triunfo, el amor infinitamente delicado de

Dios se haya servido de lo nuestro, de lo único nuestro, para la felicidad de nuestras almas, para el triunfo de su gloria.

Cuando se vislumbran estos misterios se comprende la audaz, la arcana, la victoriosa expresión del apóstol: *Libenter gloriabor in infirmitatibus meis ut inhabitet in me virtus Christi! Cum enim infirmor, tunc potens sum!* «En mi debilidad está mi fortaleza»[4].

Bastaría que Jesús hubiera utilizado nuestras miserias para redimir al mundo y glorificar a Dios para que nos gloriáramos en ellas; bastaría que la Cruz, en la que está la vida, la esperanza y la resurrección, esté formada del amor misericordioso de Dios y de las miserias nuestras para justificar la expresión de san Pablo: *Lejos de mí gloriarme, sino en la Cruz de Nuestro Señor Jesucristo.*

Pero esa Cruz es nuestra Cruz, porque debemos completar la Pasión de Cristo, porque el prodigio del Calvario se renueva místicamente en nosotros y nuestra santificación se realiza por el mismo divino procedimiento que la redención del género humano, de la que es una aplicación dichosa.

En cada alma hay un combate y un triunfo de Dios, cuando cada alma se santifica: combate

---

[4] II Cor 20, 10.

que es prolongación del gran combate del Calvario; triunfo que es consumación del espléndido triunfo de Jesús.

Y para combatir y triunfar en cada alma sigue Jesús el mismo procedimiento: se sirve de nuestras miserias —nuestros dolores, nuestras humillaciones, nuestras debilidades—, las impregna de la eficacia victoriosa de su amor, las convierte en instrumentos de su acción y de su misericordia, y con ellas combate en nosotros el mal, y con ellas realiza en nosotros el triunfo de Dios con su cortejo de felicidad y de gloria.

¡Ah! Después de Dios, a nuestras miserias debemos nuestra santificación; y como esas miserias son nuestras, podemos gloriarnos en ellas, que es tanto como gloriarnos en la Cruz de Jesucristo, que es también nuestra Cruz.

Estas miserias son el dolor que desgarra, las deficiencias que avergüenzan, las humillaciones que anonadan; y de ese repugnante conjunto, el divino amor saca nuestra dicha y su gloria; y al gloriarnos de nuestras miserias, sentimos la alegría purísima del triunfo de Dios y la delicada alegría de que Él haya triunfado con lo nuestro.

¿No es fórmula de *la perfecta alegría* la frase de san Pablo: *Lejos de mí gloriarme, sino en la*

Cruz de Nuestro Señor Jesucristo; y aquella otra: *Con agrado me gloriaré de mis debilidades para que habite en mí el poder del Cristo?*[5].

Pero, como se lo he dicho muchas veces, no solamente completamos la Pasión de Jesús para santificarnos a nosotros mismos, sino que Él se ha dignado concedernos que la completemos para la santificación de los demás.

Y para este apostolado santísimo se emplea el mismo procedimiento que para nuestra santificación.

¡Ah! Pensamos que a las almas se les hace bien con las cosas celestiales, y es verdad; pero para dárselas a las almas se necesita como instrumento, como germen de fecundidad, lo nuestro, lo único nuestro. A las almas se les hace el bien con la humillación y el dolor, como Jesús, que por esos medios humanos nos redimió.

Y cuando nosotros, humillándonos y sufriendo, cooperamos con Jesús a la santificación de los demás, al gozo de la victoria de Jesús, al regocijo de la felicidad de las almas, se une la alegría de que Jesús se haya servido de lo nuestro para ese triunfo y para esa dicha.

---

[5] «*Libenter gloriabor in infirmitatibus meis ut inhabitet in me virtus Christi*» (II Cor 12, 9).

Pudiera pensarse que este delicado matiz de *la perfecta alegría* menos que a todos los demás dolores se aplica a aquellos que son participación mística de los de Jesús, pues estos —pensamos— son más divinos que humanos.

Sí, son divinos, inefablemente divinos; pero también son profundamente humanos. En esa fórmula prodigiosa por la que Dios triunfa se mezcla lo divino con lo humano; y si es verdad que en esos dolores que Jesús nos participa, lo divino es opulento, también es abundantísimo lo humano.

Para comprobarlo, dígame: ¿hay dolores más crueles, más repugnantes y que más humillen que esos misteriosos dolores? Pues todos esos caracteres muestran que esos dolores son humanos, profundamente humanos.

Más aún: esos dolores tienen ligas estrechísimas con el pecado; ya que este es la causa de ellos, no remota, como lo es de todos dolores, sino directa, inmediata.

El Corazón de Jesús, al ponerse en cierto sentido en contacto con nuestros pecados —pues Dios puso en Él la iniquidad de todos nosotros[6]—, sufre esos terribles dolores. Porque el

---

[6] «*Posuit Dominus in eo iniquitatem omnium nostrum*» (Is 3, 6).

pecado es contra la gloria de Dios, porque mancha a las almas, porque las hace infelices, porque las arranca del Corazón divino; por eso sufre Jesús sus íntimos dolores.

Ningunos más humanos que esos, porque ningunos abrazan como ellos nuestras miserias, porque ningunos tienen tan estrecha relación, como ellos la tienen, como todos los pecados del mundo. Se diría que todas las miserias humanas se acumularon de uno o de otro modo en el Corazón de Jesús para causarle esos dolores.

Pero ningunos tampoco más divinos, porque son de Jesús, porque tienen misterioso contacto con la Divinidad, porque están henchidos de amor y de misericordia, porque son eficacísimos instrumentos de la omnipotencia, porque son arietes formidables contra el mal, porque son manantiales copiosos de gracias, porque sirven maravillosamente para la espléndida victoria de Dios.

Si la Cruz que se irguió en el Calvario está formada del amor misericordioso de Dios y del acervo de nuestras miserias, la Cruz íntima del Corazón de Jesús está hecha de lo más exquisito de la misericordia y del amor divinos, y de lo más hondo, de lo más copioso, de lo más terrible de las miserias humanas. En esa Cruz misteriosa, lo nuestro, lo único nuestro, se eleva hasta la cumbre de lo divino; y la Divinidad, por un prodigio de amoroso anonadamiento, desciende a lo profundo de nuestras miserias.

Por eso la Cruz interna de Jesús es lo supremo de *la perfecta alegría*, aun en ese matiz delicadísimo que consideramos.

Las almas que de esos dolores participan gozan, por tanto, de manera opulenta del misterio de *la perfecta alegría*; y con un sentido nuevo y profundo pueden decir con el apóstol: *Lejos de mí gloriarme, sino en la Cruz de Nuestro Señor Jesucristo.*

¿Vislumbra hasta qué punto lleva usted en su corazón las miserias humanas, qué eficacia victoriosa tienen sus íntimos dolores, a qué grado participa del triunfo de Jesús y del misterio de *la perfecta alegría*?

Usted puede y debe gloriarse de la Cruz íntima de Jesucristo; puede y debe regocijarse de que Él utilice en usted tan divinamente lo que es de usted, las miserias humanas…

18. LA ALEGRÍA DEL ORDEN Y DE LA PAZ EN EL ESPÍRITU SANTO

Hemos considerado los matices del dolor, que es participación del íntimo dolor de Jesús; y los distintos matices de la alegría que de ese dolor brota.

Quizá si tuviéramos un conocimiento perfecto y profundo de ambas cosas descubriríamos que a la gama del dolor corresponde con admirable paralelismo la gama de la alegría; pero lo cierto es que en la perfección cristiana, en proporción de los dolores, Dios ha puesto divinas alegrías, conforme a aquella expresión de los salmos: *Secundum multitudinem dolorum meorum in corde meo; consolationes tuae laetificaverunt animam meam*[1]. «En proporción de los dolores que he sentido en mi corazón, tus consuelos han llenado de alegría a mi alma».

---

[1] Sal 93, 19.

Y note que no me refiero a lo que de ordinario se llama consuelo en la vida espiritual, pues esos consuelos son a las veces escasos en ciertas almas, en tanto que abundan los dolores, como en santa Teresa del Niño Jesús; sino que hablo de esos consuelos austeros, pero íntimos; de esa alegría no sensible, pero hondísima, a la que llama san Francisco de Asís *la perfecta alegría*.

A ella indudablemente se refería la admirable virgen de Lisieux cuando dijo: *Encontró en el mundo la alegría y la felicidad, pero solamente en el dolor.*

Dolor y alegría brotan de una misma raíz: de ese amor purísimo y divino que el Espíritu Santo no solamente derrama en nuestros corazones, sino que también rige y mueve con sus íntimos impulsos.

Y para completar este resumen de todo lo dicho acerca de *la perfecta alegría*, conviene notar que este misterio está íntimamente enlazado con lo más profundo del cristianismo, con ese divino procedimiento que desconcierta al espíritu humano y que consiste en que el amor omnipotente saca el bien del mal, utiliza nuestras miserias para la mayor gloria de Dios y hace brotar una alegría, que es preludio del gozo celestial, de las profundidades de la humillación y del dolor.

Si ahondando en el misterio del cristianismo encontramos ese divino procedimiento, es lógico que cuando las almas encuentran en el fondo de su vida espiritual *la perfecta alegría*, es porque han llegado a lo más íntimo y exquisito de la perfección cristiana.

Y esta observación nos lleva a vislumbrar el estado de un alma que goza de la *perfecta alegría*, porque se desprende de lo dicho que ese estado es la plenitud en la tierra de la vida espiritual, en cuanto lo permiten las condiciones del destierro y lo marcan los designios de Dios sobre aquella alma; en otros términos, ese estado constituye la participación íntegra de la vida de Jesús, el pleno establecimiento del reino de Dios en el alma.

Ahora bien, dice san Pablo que el reino de Dios es *justicia, paz y gozo en el Espíritu Santo*, y, por consiguiente, puede decirse que eso es el estado de *la perfecta alegría*: orden perfecto, paz profunda e íntimo gozo en el Espíritu Santo.

La justicia entraña el perfecto equilibrio en nuestras relaciones con los demás y aun, si la justicia se considera con cierta amplitud, en las relaciones con nosotros mismos; es, por consiguiente, orden y armonía.

El alma que llega al estado que consideramos da a Dios la mayor gloria que puede darle, se convierte en acueducto de gracias para las demás almas, y obtiene para sí misma la consumación de la obra divina.

En ella, por consiguiente, se establece el orden perfecto; no es un orden superficial, sino profundo, que brota de la unidad del amor y que armoniza todas nuestras relaciones con los demás. El orden produce alegría; el desorden, dolor. Cuando hay en el alma un orden tan perfecto que se reduce a él hasta lo que relativa y superficialmente es desorden, del dolor brota el gozo, se posee *la perfecta alegría*.

Este orden es trasunto de ese admirable orden establecido por Dios en el reino que Jesús vino a fundar en la tierra y que pudiera llamarse el orden de la Cruz, puesto que por la unidad del amor restauró todas las cosas con las mismas ruinas del desorden, esto es, con la debilidad, la humillación y el dolor que la Cruz simboliza.

¿No siente que ahora que el Espíritu Santo ha comunicado a su alma *la perfecta alegría* todo es orden en ella? Está en perfecta armonía con Dios, puesto que glorifica al Padre, consuela a Jesús y brinda descanso al Espíritu Divino; está en armonía con las almas, porque alcanza para ellas gracias copiosas; y todo en usted misma es armonía, porque los designios de Dios se realizan en su alma.

Han desaparecido sus angustias e inquietudes, que, aunque procedían de principios nobilísimos, acusaban en su alma sutiles vestigios de desorden.

Ahora su alma está en sosiego; llena de dolores, pero sin ruido, sin vicisitudes, sin trastornos; su vida es como un raudal de dolor amargo y caudaloso que sin cascadas y sin vórtices se desliza suavemente por dilatado cauce.

Y como la paz es *la tranquilidad del orden*, según la preciosa fórmula de san Agustín, su alma, ordenada y tranquila por el prodigio de *la perfecta alegría*, goza de una paz tan profunda como el orden que lleva en el corazón: la paz de Jesús, que el mundo no puede dar y que no se turba por ninguna cosa creada, ni por la oscuridad, ni por el dolor, ni por el desamparo; porque tiene sus hondas raíces en el Corazón de *Aquel que es nuestra Paz*[2].

No es la paz intermitente que esplende en los días de consuelo y se nubla en las noches de desolación, sino la paz que triunfa de todas las

---

[2] «*Ipse est pax nostra*» (Ef 2, 14; cfr. Miq 5, 5).

desolaciones, porque de ellas se alimenta y vive; porque está hecha para brillar en las sombras.

No es la paz superficial de que se goza cuando los vientos de la tribulación no agitan las ondas del océano del alma, sino la paz del fondo, siempre inmutable, siempre tranquilo, porque a él no llegan ni los vientos ni las tempestades; o más bien, porque las tempestades del espíritu acrecientan y perfeccionan esa paz de manera admirable.

Es la paz que surge de amor victorioso, del dolor triunfante, la que es fruto maduro de la Cruz, la que Jesús daba a sus apóstoles después de haber triunfado del dolor y de la muerte; la paz, que es bienaventuranza en la tierra y preludio de la paz eterna.

Es la paz del alma que, habiendo ascendido a la montaña de la mirra, encontró en el dolor el secreto para triunfar de todos sus enemigos; la paz celestial que el divino amor produce en las almas cuando concentra en su prodigiosa unidad todas las tendencias del alma y todos los anhelos del corazón.

¿Para qué continuar? ¿Por ventura *envolviendo sentencias en locuciones imperitas*[3] podré

---

[3] «*Quis est iste involvens sententias sermonibus imperitis?*» (Job 38, 2).

enseñarle acerca de la paz de su alma algo mejor que lo que usted siente, que lo que palpa, que lo que goza en lo íntimo de su corazón? ¿Para qué empeñarme en describir la arcana dulzura de este fruto del Espíritu Santo, si Él se lo ha hecho saborear dentro de su alma?

Esa paz es *la perfecta alegría*, como la paz eterna será la alegría celestial.

19. EL GOZO EN EL ESPÍRITU SANTO

Complemento lógico del orden y de la paz es el gozo en el Espíritu Santo.

El gozo es fruto del amor y el gozo perfecto viene del amor consumado. La *perfecta alegría* es, como tantas veces lo he dicho, consumación de la caridad.

Pero el gozo en el Espíritu Santo tiene sus caracteres especiales. Se distingue, claro está, del gozo natural que es superficial, efímero, vano, como son los afectos de la tierra. El gozo en el Espíritu Santo es profundo, duradero, sólido, como es la caridad de la que procede, como son los bienes sobrenaturales.

Mas aun de los gozos espirituales de grado inferior se distingue este gozo finísimo y perfecto. Su origen es el Espíritu Santo, pero de especialísima manera. El gozo viene del amor, y el gozo espiritual, de la caridad; pero la caridad puede ser ejercitada y movida por nosotros mismos, y a ese ejercicio de la caridad corresponden los gozos espirituales ordinarios; pero esa misma virtud puede ejercitarse bajo la moción del Espíritu Santo, y a ella corresponde ese gozo especial que estamos examinando.

Cuando el Espíritu Santo nos mueve para un acto, pone en este su sello, le *imprime su modo*; por eso podríamos decir que el gozo en el Espíritu Santo es el gozo que tiene ese *modo divino*, esto es, que es un *gozo a lo divino*.

Desde luego es un gozo *hondísimo*, pues cuanto más divino —si puede decirse así— es un don, más hondamente penetra en nuestra alma. Lo más perfecto y exquisito de nuestra vida espiritual se realiza en lo que llaman los místicos el centro del alma.

El gozo en el Espíritu Santo no es, pues, ni ruidoso, ni exterior, ni sensible; podrá suceder que en algunas ocasiones se derrame a la parte inferior y aun se manifieste exteriormente; pero esto será accidental y efecto de la sobreabundancia del gozo y de especiales designios de Dios. De ordinario es oculto, austero, silencioso, íntimo.

Ese gozo divino no es como los inferiores, que turban la serenidad de nuestra alma o suspenden en dichoso arrobamiento nuestras facultades, sino que más bien acrecienta nuestra *serenidad* y no estorba el ejercicio de nuestras potencias, aunque las baña con la unción divina.

Jesús poseyó de manera inefable en su alma el gozo del Espíritu Santo y conservó siempre su serenidad maravillosa; apenas en momentos solemnes, como en la noche del Cenáculo y quizá en aquella ocasión en la que dicen los evangelistas: *exsultavit in Spiritu Sancto*[1], se turbó por una emoción celestial la serenidad de Jesús, no sé si porque el Espíritu Santo derramó una nueva avenida de gozo en el alma de Jesús o porque Él, por amorosos designios, dejó que descendiera y se transportara el divino secreto.

Es *purísimo* porque es divino, esto es, no hay en él egoísmo ni interés; el alma se regocija de lo divino; y si mira a los demás o se mira a sí misma, es para gozarse de lo divino que hay en las almas; a la manera que Dios ama a todas las criaturas, pero en ellas se ama a Sí mismo.

Pudiera pensarse que este gozo no es puramente divino, puesto que brota de lo nuestro: del dolor, de la humillación y de las debilidades; pero claramente se desprende de lo dicho que las

---

[1] Lc 10, 21.

miserias de las que brota *la perfecta alegría* están penetradas y transformadas por lo divino, y aun puede decirse que es más abundante y glorioso lo divino que pone Dios en ellas que lo que puso en la obra creadora, puesto que brilla más la sabiduría, el poder y el amor de Dios sacando el bien del mal, que sacando al mundo de la nada, como la Santa Iglesia lo proclama en una bellísima oración litúrgica del Sábado Santo: *Intelligant redempti tui non fuisse excellentius quod initio factus est mundus, quam quod in fine saeculorum Pascha nostrum immolatus est Christus.* «Que entiendan los que Tú has redimido que no es mayor maravilla la creación del mundo en el principio que la inmolación del Cristo, nuestra Pascua, en el fin de los siglos».

El motivo de *la perfecta alegría*, aun en lo que se refiere a la propia alma y a las almas de los demás, es única y puramente la gloria de Dios.

Y precisamente porque este gozo es intensamente divino es *pleno*, es rico, es perfecto. En la jerarquía de los gozos, los inferiores, por ser más cercanos a nosotros, son más fáciles de alcanzar; pero los más altos, aunque más difíciles de percibir, satisfacen mejor a nuestra alma, porque esta fue hecha para lo divino. Se diría que es una inmensa capacidad de infinito, y cuanto más opulento sea lo divino que recibe, más rica es su plenitud y más exquisito su gozo.

Ardua es *la perfecta alegría*; poquísimas almas aciertan a gozarla y muchas ni la conciben. ¡Cuántas pensarán que esta alegría es invento sutilísimo y alambicado de los místicos! Con cuánta razón dijo san Pablo: *Animalis homo non percipit ea quae sunt Spiritus Dei*[2]. «El hombre animal no percibe las cosas que son del Espíritu de Dios». Y Jesús, precisamente regocijándose en el Espíritu Santo, dijo: *Confiteor tibi, Pater, Domine caeli et terrae, quod abscondisti haec a sapientibus, et prudentibus, et revelasti ea parvulis*[3]. «Te confieso, Padre, Señor del cielo y de la tierra, porque escondiste estas cosas a los sabios y a los prudentes, y las revelaste a los pequeños».

Pero cuanto más ardua y oculta, más exquisita, más perfecta es esta alegría y mejor satisface al alma a la que Dios ha hecho la estupenda revelación.

Es la felicidad mayor que puede alcanzarse en esta vida; por eso santa Teresa del Niño Jesús dijo esas palabras tantas veces citadas: *Yo encontré en el mundo la felicidad y la alegría, pero solamente en el dolor.*

---

[2] I Cor 2, 14.
[3] Lc 10, 21.

El gozo en el Espíritu Santo tiene un sabor del cielo, a vida eterna sabe, para emplear la exquisita expresión de san Juan de la Cruz. En el cielo todo sabe a Dios, porque *allá Dios será todo en todas las cosas*[4], y *la perfecta alegría* consiste en gozarse en el gozo, en la gloria de Dios.

Quizá este gozo recóndito es el que la Iglesia canta en la misteriosa *aleluia* de su Liturgia, la alegría de que Dios sea glorificado.

Y por ser tan pura y celestial esta alegría, lejos de impedir la unión divina, la hace más dulce y estrecha: ¡si esta alegría es unión! Los otros consuelos, aun los espirituales, muchas veces impiden las íntimas comunicaciones con Dios; por eso el Señor, como enseña san Juan de la Cruz, los sustrae a las almas en las largas noches de la desolación; pero el gozo en el Espíritu Santo viene de la unión divina y a ella prepara, o más bien, es una forma altísima y deliciosa de unirse a Dios.

Otro de los caracteres que asemejan este gozo con los gozos eternos, consiste en que es *inadmisible* como aquellos.

Nadie sino el Espíritu Santo que lo da a las almas se lo puede quitar. Ni las vicisitudes de

---

[4] «*Ut sit Deus omnia in omnibus*» (I Cor 15, 28).

184

la vida, ni la tribulación, ni las potestades del infierno pueden arrebatar al alma este tesoro; no las vicisitudes, porque este gozo se oculta en el centro del alma, siempre inmutable y sereno, porque no llegan a ese fondo los cambios de la superficie; no la tribulación, porque esta es el alimento que acrecienta y exalta a la perfecta alegría; ni el demonio tampoco, porque ni puede penetrar al santuario de esa alegría, ni la acierta a comprender, ni logra jamás cegar el manantial del que brota, que es el Espíritu Santo.

De esa fuente de aguas vivas que salta hasta la vida eterna brota *la perfecta alegría*, que es para las almas *la mejor parte que no se les quitará jamás*.

20. EL ESPÍRITU SANTO, CAUSA DE LA PERFECTA ALEGRÍA

¿Cómo se alcanza *la perfecta alegría*?

Como se ha repetido: solamente amando con el Espíritu Santo, esto es, amando bajo su impulso se alcanza *la perfecta alegría*; porque solamente ese Divino Espíritu puede poner en nuestros actos y en nuestras almas ese modo divino, esos caracteres celestiales que son propios de ese misterio.

Hay en todas las etapas de la vida espiritual dolores y gozos; pero cuando unos y otros tienen un *temple divino* y, sobre todo, cuando ambos coexisten en el alma y singularmente cuando el gozo brota del fondo del dolor, es indispensable el influjo directo del Espíritu Santo; porque todo esto excede el *modo humano* de nuestra alma, aún enriquecida con dones sobrenaturales.

Se desprende también en esta conclusión de lo que llamamos la clave de *la perfecta alegría*, puesto que para explicar este misterio acudimos al amor del Padre celestial que beatifica e inmola, y este amor es el Espíritu Santo.

Para realizar este prodigio, el Divino Espíritu, por medio de los Dones intelectuales, ilumina las profundidades del dolor para que el alma descubra los divinos tesoros que encierra; por el Don de fortaleza acrecienta en el alma la capacidad de sufrir; por la divina esperanza hace que el alma se apoye en Dios con tranquila seguridad, y, sobre todo, por la caridad produce en ella la paz cumplida y el gozo íntimo.

Es *la perfecta alegría* la obra consumada del Espíritu Santo y el magnífico remate del espíritu de la Cruz. Este espíritu, en efecto, es el dolor que lleva escondido en su fondo el amor en medio de los esplendores de la pureza. Este espíritu tiene como símbolo la Cruz del Apostolado: una Cruz que esconde a Jesucristo y que está circuida de luz celestial.

Por esos senderos de dolor, de amor y de pureza se llega a la perfecta alegría, cuando el alma es plenamente poseída por el Espíritu Santo que corona esa Cruz.

En efecto, *la perfecta alegría* es la *plenitud del dolor*, *la plenitud del amor* y *la plenitud de la pureza* en la tierra.

Apenas necesitan explicación, después de lo dicho, las dos primeras afirmaciones, puesto que solamente el dolor divino puede producir como fruto la alegría, y solamente puede madurarlo el sol del amor cuando llega a la gloria de su plenitud.

Pero la tercera afirmación necesita explicarse. *La perfecta alegría* viene de una raíz purísima, esto es, de un amor que ha perdido todo vestigio de egoísmo, de un amor que contempla las cosas humanas desde aquellas alturas, llenas de serenidad y de luz, desde las cuales se ve transparentar lo divino que hay en las criaturas y se ve esfumarse lo terreno que lo encubre.

La perfecta alegría tiene por término algo celestial y purísimo: la gloria de Dios. ¿No es esta gloria lo que brilla en todos los motivos de la perfecta alegría que hemos considerado? Se diría que esta perfecta alegría es el gozo de la gloria de Dios que se descubre en el fondo de las miserias humanas.

Y esa alegría está formada de pureza, porque no hay en ella nada de la tierra; para el alma que llegó a este estado, Dios es todo en todas las cosas, a la manera que lo es para los bienaventurados; y si bien es cierto que esta alegría no es tan desbordante y avasalladora como la de la eternidad, puesto que deja sentir el dolor y de él emana, se compensa lo que falta de beatitud a esa alegría con los tesoros de dolor que encierra.

¡Oh! ¡Esa alegría no es de la tierra, porque en la tierra son incompatibles el dolor y la alegría; tampoco es del cielo, porque en el cielo no hay dolor; es del Corazón de Jesús, formado del cielo y de la tierra, alabastro prodigioso que encierra un perfume único y exquisito, extraído de lo más divino, si así puede decirse, que hay en la tierra, de todo lo que del aroma del cielo puede traerse a la tierra para embalsamarla!

Pudiera decirse que el emblema de *la perfecta alegría* es aquella región arcana de la Cruz del apostolado que está en su cumbre, bañada por la luz inmaterial del Espíritu Santo. En esa región hay todavía dolor, porque allí está aún la Cruz; pero comienza el gozo de los cielos, porque está envuelta en los esplendores del Amor eterno.

A esa región divina debe subir el alma para alcanzar *la perfecta alegría*; y, por consiguiente, debe recorrer de antemano todos los senderos de la Cruz, senderos de pureza, de amor y de dolor, para llegar a ser plenamente poseída por el Espíritu Santo y, con sus plantas en la cumbre de la montaña de la mirra, embriagarse con la fragancia dulcísima de la Patria eterna.

El Espíritu Santo produce la perfecta alegría, pero en el alma que ha recorrido los senderos de la Cruz.

Es, por tanto, *la perfecta alegría* fruto del cielo y de la tierra, del Espíritu Santo y de la Cruz. El alma que goza de ella puede exclamar como la esposa de los Cantares: *Sub umbra illius quem desideraveram sedi, et fructus eius dulcis gutturi meo*[1]. «Bajo la sombra del que había deseado me senté, y su fruto es dulce a mi paladar».

De lo dicho se desprenden las disposiciones que necesitan tener las almas para recibir y acrecentar el don de *la perfecta alegría*: *una docilidad perfecta a las mociones del Espíritu Santo y la posesión plena del espíritu de la Cruz.*

Cuanto más alto y celestial que otros es el don de *la perfecta alegría*, más fiel y exquisita es la docilidad que exige a las divinas mociones.

Dúctil como la cera, flexible como las espigas de un trigal que ondulan al suave soplo del viento, vibrante como las cuerdas de una lira que cantan bajo la dulce presión del artista, el alma sigue con amorosa fidelidad los impulsos del Espíritu Santo para recibir de Él la preciosa imagen de Jesús y copiar las finísimas ondulaciones de la

---

[1] Cant 2, 3.

vida íntima de Él y cantar la sonora y triunfal sinfonía de la gloria de Dios.

Pero esta perfecta docilidad supone una pureza inmaculada que aleje al alma de todas las cosas de la tierra, un absoluto olvido de todo lo terreno, especialmente de sí misma, para que en ella *Dios sea todo en todas las cosas*. Un temple heroico para el dolor, para que pueda copiar en su corazón los misteriosos dolores del Corazón divino, para que los martirios no turben su serenidad ni empañen el firmamento de su paz. Y un amor puro y desinteresado, trasunto del amor del Padre, que enlace con hilo de oro, sutil e indestructible, el dolor y el gozo, e impregne su vida con la fragancia celestial de *la perfecta alegría*.

De qué manera debe usted acrecentar en su alma estas disposiciones para conservar y enriquecer su perfecta alegría, voy a exponerlo enseguida al trazarle su programa espiritual.

21. PROGRAMA ESPIRITUAL

HE AQUÍ LOS PUNTOS de su programa espiritual:

1. QUITAR OBSTÁCULOS

Si el alma no puede alcanzar por sí misma *la perfecta alegría*, tiene, eso sí, el triste privilegio de impedirla o de empequeñecerla; y, por tanto, debe con exquisita solicitud remover los obstáculos que impidan el pleno desarrollo de ese misterio.

Esos obstáculos son las *dudas* y las *inquietudes*: las dudas, especialmente contra el amor de Jesús a usted, y el amor de usted a Jesús, acerca de su vida espiritual y acerca del misterio actual de *la perfecta alegría*.

¡Por Dios! No vuelva a dudar deliberadamente de estas cosas. Confíe en Dios y confíe en quien Él le ha puesto para que lo represente.

He aquí los puntos principales respecto de los cuales no debe dudar:

1) Que Dios la ama mucho, mucho, de una manera especial, y que su amor tiene aquellos preciosos matices que usted sabe.

2) Que es verdad el conjunto de su vida espiritual y que esta ha sido enriquecida de gracias insignes y copiosas.

3) Que no se ha engañado usted en lo relativo a las Obras y a la doctrina de la Cruz.

4) Que Dios le ha concedido la participación de los dolores íntimos de Jesús.

5) Que le ha concedido el don de *la perfecta alegría*.

6) Que usted ama mucho a Dios y que su amor a Jesús debe tener el matiz del amor maternal.

7) Que sustancialmente ha sido fiel al Señor en toda su vida espiritual.

Quizá si desaparecen las dudas, desaparecerán también las inquietudes. Pero si quedan, debe combatirlas eficazmente, pues se oponen a los santos designios de amor que Dios tiene para usted en esta etapa de la vida espiritual.

Sufra cuanto pueda, cuanto Dios quiera; húndase en océanos de amargura; pase por todos los martirios; pero siempre en *la paz*, en *la abundancia de la paz*.

2. Afirmar disposiciones

Supuesto lo dicho acerca del origen de *la perfecta alegría*, aunque el Espíritu Santo es el único que la puede dar, el alma necesita algunas disposiciones para recibirla; usted debe afirmar estas disposiciones.

La principal de ellas es ejercitar el amor a Jesús precisamente con el matiz de *amor maternal*; ya que este amor, reflejo del amor del Padre, es en el fondo del misterio de *la perfecta alegría*.

En segundo lugar, *entregarse sin reserva y con todo el amor de su corazón a participar de los dolores íntimos del Corazón de Jesús*.

Por último, *ejercitar el tercer amor*[1], o, si le place, el cuarto, esto es, ese amor lleno de confianza y de audacia que le expliqué en la preparación de los Ejercicios.

Como se ve claramente, todas estas disposiciones exigen el *ejercicio constante, perfecto y con los matices explicados de las tres virtudes teologales*.

3. El medio específico

Supuesto que el Espíritu Santo es quien da a las almas *la perfecta alegría*, la actitud fundamental y específica para que este misterio se desarrolle

---

[1] El *tercer amor* es lo que llamamos *El supremo amor* en la obra anterior que fue publicada en esta serie.

en usted plenamente consiste en que *se entregue con perfecta docilidad al amor y a la acción del Espíritu Santo*, dejándose guiar y mover por Él.

4. Complementario

Como recordará, para la plena participación de los dolores del Corazón de Jesús, para entrar de lleno en sus miras celestiales, debe *ofrecer a Jesús al Padre y entregarlos a la crucifixión* en todas sus formas, para la gloria del Padre y el bien de las almas, especialmente sacerdotales.

Resumen

Se puede resumir este programa espiritual relacionando sus puntos con las tres divinas Personas en esta forma:

1. *Entrega al amor y a la acción del Espíritu Santo.*

2. *Amor maternal a Jesús que llegue hasta inmolarlo místicamente.*

3. *Anhelo constante y purísimo de la gloria del Padre y del bien de las almas.*

22. LA SANTÍSIMA VIRGEN
Y LA PERFECTA ALEGRÍA

COMO EN AÑOS ANTERIORES, termina sus Ejercicios en el regazo maternal, en el Corazón inmaculado de la dulce Madre de la siempre Virgen María.

Cooperadora inseparable del Espíritu Santo, Ella coopera con Él para producir en las almas *la perfecta alegría*.

Pero hay motivos especiales para que intervenga María Santísima en dar ese don a las almas; puesto que de manera especialísima y perfectísima lo poseyó Ella.

Así como santo Tomás de Aquino es patrono de los que estudian la ciencia sagrada, por la abundancia y la pureza con que él la poseyó; como san Isidro es patrono de los labradores, porque él lo fue santamente, María Santísima patrocina de manera singular a las almas para que alcancen y acrecienten *la perfecta alegría*, porque Ella la tuvo en altísimo grado y con maravillosa opulencia.

Especialmente sintió Ella esa divina alegría al pie de la Cruz y durante los largos años de su inefable soledad.

Si a usted le faltaba todo cuando le parecía que Jesús se había ido de su corazón y ni escuchaba su voz ni sentía sus consuelos, ¿qué sufriría María Santísima, acostumbrada a vivir con Jesús en intimidad deliciosa y a gozar hasta de su presencia sensible, cuando dejó de verlo por tantos años y cuando seguramente se vio privada de sus consuelos?

Pero en su soledad inmensa, la Virgen Santísima sintió copiosa y *plenamente la perfecta alegría*, y a la manera que Jesús ocultaba el secreto de su alegría bajo sus inenarrables dolores, Ella escondía el mismo secreto bajo su soledad incomparable.

La Virgen llevaba en su alma todos los celestiales gérmenes de *la perfecta alegría*: recibió como herencia los dolores íntimos de Jesús como nadie los ha participado; su pureza única lo envolvía en una espléndida luz sobrenatural para mirar a lo divino todas las cosas, especialmente los tesoros del dolor, y sobre ese fondo del misterio del Cristo del que emana *la perfecta alegría*.

Nosotros, ignorantes de la suprema sabiduría, nos esforzamos con los destellos que Dios nos da de su luz purísima para escrutar el misterio de *la perfecta alegría* y analizamos torpemente sus variados matices; pero ¿qué comparación cabe entre nuestras pobres y vacilantes miradas y aquella celestial intuición de María, nacida de su pureza y de su amor, que la hacía ver *a Dios como todo en todas las cosas* y penetrar de una manera honda y única en el misterio inefable de su Hijo divino?

Poseía sobre todo el amor maternal, el más perfecto trasunto del amor del Padre, manantial copioso de *la perfecta alegría*. Ese amor purísimo y ternísimo realizaba en su alma el prodigioso contraste de dolor y alegría, la hacía sentir los dolores como de infierno del Corazón de Jesús y gozar de una alegría, copia exacta de la que Jesús llevaba escondida en su Corazón.

En la tierra, ninguna criatura ha recibido con mayor abundancia, con más profunda intensidad, con más divino esplendor, si así puede decirse, el reflejo del amor del Padre; lo recibió de una manera única y, por consiguiente, de una manera única también poseyó *la perfecta alegría*, que de ese reflejo emana.

Pero réstame decirle algo muy profundo, muy dulce, un secreto de amor, que merece ser la última palabra de estos Ejercicios.

¿Sabe por qué poseyó María de manera tan abundante y profunda el misterio de *la perfecta alegría*?

Porque su regazo, sobre todo el de su alma, estaba hecho para que en él descansara Jesús; porque su Corazón fue formado para comprender, consolar y envolver en ternura al Divino Corazón.

Y para que ese íntimo regazo fuera dulce, mullido, perfumado y cálido para el descanso de Jesús; para que fuera un trasunto del seno del Padre y Jesús no extrañara —hablemos en nuestro torpe lenguaje— aquel Seno inmortal; para que el Corazón de María se asemejara, cuanto es posible en una criatura, al vigoroso, al tierno, al Divino Corazón del Padre; para que Jesús tuviera en María un cielo en la tierra, era preciso que el regazo purísimo y el Corazón inmaculado se bañaran en los esplendores celestes de *la perfecta alegría*.

¿No me atreví a decir que si el Padre celestial pudiera padecer su amor infinito a Jesús hubiera producido en Él de manera infinita la perfecta alegría? En Él la perfecta alegría es el gozo infinito de su gloria esencial; pero cuando el reflejo de su amor se vierte copiosamente en una criatura capaz de sufrir, es preciso que produzca *la perfecta alegría* —que es nuestro infinito, si se tolera esta expresión—, trasunto del infinito de plenitud divina.

Y era preciso, no solamente por las exigencias de una lógica divina, sino también por el descanso de Jesús, por su consuelo, por su decoro, por su gloria; porque Jesús solamente descansa en el seno del Padre, y para que en la tierra pudiera descansar, necesitaba un trasunto fidelísimo de ese Seno glorioso.

Por eso María poseyó un océano de *perfecta alegría*.

Y como Jesús ha querido, por su inenarrable designio de amor, descansar místicamente en el alma de usted, necesitó formar en esta alma de madre un trasunto del alma de María, una miniatura del Seno del Padre, ¡oh! —repitámoslo—, ¡para el descanso, para el consuelo, para el decoro, para la gloria de Jesús!

Por Él, por el Hijo dulcísimo, debe usted conservar incólume y acrecentar sin descanso *la perfecta alegría* en lo íntimo de su alma, para que encuentre en ella Jesús un regazo maternal, un cielo en la tierra...

¡Demos gracias a Dios por su don inenarrable! *Gratias Deo super inenarrabili dono ejus!*[1].

Morelia, 1 de noviembre de 1936.

---

[1] II Cor 9, 15. Así terminan los últimos Ejercicios con que el arzobispo preparó a la señora Armida para consumar su misión sobre la tierra.

SOBRE LA ENCARNACIÓN MÍSTICA
(Epílogo del editor de la primera edición mexicana)

En el transcurso de estos artículos con frecuencia se ha hablado de la encarnación mística. No podemos terminar estas notas sin decir una palabra acerca de ella.

El cristiano no solo debe profesar la doctrina de Cristo, sino que debe vivir su misma vida. *Mihi vivere Christus est* (Fil 1, 21), decía san Pablo; es decir, vivir para mí es vivir la vida de Cristo, porque Él es mi vida. Vivir la vida de Cristo consiste fundamentalmente en vivir la vida de la gracia que Cristo nos comunica por nuestra incorporación a Él; pero, además —o más bien, como una lógica consecuencia—, consiste en reproducir en nosotros sus misterios. ¿No forman estos misterios —desde la Encarnación hasta su Ascensión a los cielos— la trama de su vida terrestre?

Pero ¿cómo es posible reproducirlos?

Debemos distinguir dos aspectos en los misterios de la vida de Jesucristo: lo exterior y lo interior, o bien, el acto que pasa y el estado que permanece.

Lo *exterior* de un misterio es el acto que tuvo lugar en el tiempo, y que ya pasó. Por ejemplo, su nacimiento en Belén, su predicación en Galilea, su Pasión en Jerusalén, etc. Hechos históricos que solo podemos conmemorar.

Lo *interior* de un misterio son las disposiciones íntimas del alma de Jesucristo cuando se verificó aquel hecho. Por ejemplo, su oblación al Padre en la Encarnación, su infancia espiritual en Belén, su espíritu de oración en Nazaret, su celo por la salvación de las almas en su vida pública, su inmolación en el Cenáculo y en el Calvario.

Estas disposiciones de Jesucristo no han pasado: perduran actualmente en su Corazón, son un estado permanente. Y en el momento actual también producen en las almas las mismas gracias que cuando esos hechos se verificaron.

Ahora bien, reproducir en nosotros los misterios de Cristo quiere decir *reproducir* en nuestra alma las mismas disposiciones, los mismos sentimientos, los mismos estados del Corazón de Cristo cuando esos hechos se verificaron y que actualmente conserva, aun en su vida gloriosa, para *alcanzar* las mismas gracias que entonces produjeron.

La vida de Cristo —y aun cada uno de sus misterios— es riquísima en matices, y es imposible, por tanto, que una sola alma los reproduzca todos. Y aquí es donde está la vocación de cada alma. Así es como se realizan las palabras de san Pablo: Dios hizo a los predestinados semejantes a la imagen de su Hijo... *quos praescivit et pjrae-destinavit conformes fieri imaginis Filii sui* (Rom 8, 29). Reproducir esa semejanza especial con el Verbo Encarnado a la cual Dios predestinó a cada alma, esa es su vocación, ahí está el secreto de su santidad, tal es ese «nombre nuevo» —*vin-centi dabo nomen novum* (Apoc 17)— que Dios le dará en el cielo.

De aquí que todos los santos se parezcan en que todos reproducen a Jesucristo y, sin embargo, todos son diferentes, porque cada uno reproduce un rasgo especial, un matiz propio, del Modelo divino.

Y esta semejanza con Cristo no llega a su perfección sino cuando el alma ha recibido la gracia de la Unión Transformante. La Transformación en Cristo no es otra cosa que la plena semejanza con Él —según los designios divinos—, *secun-dum mensuram donationis Christi* (Ef 4, 7).

Así se comprende que no sea propiamente una gracia extraordinaria, como los carismas, sino la cumbre del desarrollo normal de la gracia en cada alma. Y aunque no puede merecerse por justicia, de *condigno*, sí puede merecerse por conveniencia, de *congruo*, y alcanzarse por la oración humilde, perseverante y confiada.

Esta doctrina se verificó de una manera plenísima e inimitable en la Santísima Virgen. Nadie como Ella pudo afirmar: *Mihi vivere Christus est* (Cristo es mi vida). No solo reprodujo los misterios de Cristo interiormente, sino aun exteriormente; porque los vivió con su Hijo, porque los misterios de Jesús son al mismo tiempo los misterios de María, a tal grado, que a veces casi nos parecen más de María que de Jesús. En realidad, son de los dos por una misma predestinación, por una misma vocación, por una misma gracia, por una misma misión, por una misma gloria, guardada la proporción debida.

Pero, aunque reprodujo y vivió todos los misterios de Cristo, hay, sin embargo, uno que para Ella fue capital, que es el centro de todas sus gracias y el secreto de su fecundidad sin semejante. Ese misterio es el de *la Encarnación*. En él, por la voluntad de Dios y la libre aceptación de María, fue constituida *Madre de Dios*. La *Maternidad divina* es su gracia central, de la cual nace todo: sus demás gracias, sus privilegios, su misión, su santidad, su fecundidad, su glorificación. Esa *Maternidad* se extiende y abarca al *Cristo total*, a Jesús Cabeza de su Cuerpo místico y a todos sus miembros. Es Madre natural de Jesús y Madre espiritual de todos los hombres. ¿Qué Madre más fecunda que la que tiene por hijos a todos los hombres, sobre todo, la que tiene por Hijo al mismo Hijo de Dios?

La vida de los santos no debiera ser —como ordinariamente sucede— la simple narración de los hechos de su vida, ni la enumeración de sus virtudes, ni menos aún la de sus hechos extraordinarios. Ante todo, debiéramos estudiar su gracia central, o sea, aquel misterio de la vida de Cristo que vivieron de una manera especial, aquel matiz de la fisonomía divina que reprodujeron en su propia alma. Esto nos daría la clave de su vida, su vocación especial, su misión propia, su fisonomía espiritual y la fuente de todas sus gracias. Tendríamos así un estudio muy útil de la psicología espiritual de cada santo y no esas vidas de santos que nos legaron los siglos pasados y que a veces se han escrito aun sin el criterio histórico indispensable.

Por ejemplo, toda la espiritualidad de santa Teresa de Lisieux tiene su elemento esencial en la *Infancia espiritual*. Reprodujo en su vida el misterio de Belén.

San Francisco de Asís vivió también este misterio, pero bajo el aspecto de despojo, de desnudez, de pobreza, no solo de espíritu, sino real y efectiva. Aunque al final de su vida se convirtió como en un crucifijo viviente, y quizá sea este su rasgo más esencial.

Santa Gertrudis y sor Isabel de la Trinidad son las santas de la *habitación divina*, lo cual es también una manera de reproducir a Jesús, pues nadie como su Humanidad sacratísima estuvo y está en íntimas relaciones con las tres Personas de la Trinidad.

Los santos eucarísticos —como san Pascual Bailón, santa Juliana de Falconeri, el beato Eymard, etc.— no han sido simples devotos de la Eucaristía, sino que la han reproducido en su interior con una vida de silencio, de anonadamiento, de inmolación. Y los verdaderos devotos del Sagrado Corazón —como san Juan Eudes, santa Margarita María, el beato De la Colombiére, sor María del Divino Corazón, etc.— participaron del amor y del dolor que forman como el interior de ese Corazón Divino, amaron con su propio amor y participaron de sus sufrimientos íntimos.

Y de esta manera podíamos seguir discurriendo sobre los demás santos.

Pero vengamos ya a nuestro propósito. Para conocer la fisonomía espiritual de [la hoy beata] Concepción Cabrera de Armida, hay que conocer ante todo cuál es su rasgo característico. Y esto equivale a preguntarnos cómo reprodujo a Cristo, cuál es el misterio que vivió de una manera especial.

Y sin vacilación debo contestar que es el misterio de la Encarnación. Su gracia central, su gracia clave, la que en ella lo explica todo, es la gracia de la *encarnación mística*, de la que tanto se ha hablado en estas páginas.

Y no hay razón para extrañarnos. Desde luego, porque esta gracia no es nueva —como no hay nada nuevo bajo el sol—, quizá lo único nuevo es que se le llamó por su nombre adecuado y que se ha puesto de manifiesto la importancia de esta gracia.

No es algo nuevo en la Iglesia ni la Eucaristía, ni el Sagrado Corazón, ni la Infancia espiritual, ni la Habitación divina en el alma. Pero ha habido santos que han hecho resaltar alguno de estos misterios y que han sacado del tesoro de la Iglesia *nova et vetera*, cosas nuevas por la manera de presentarlas y de hacerlas resaltar, pero antiguas, porque ya las contenía el Evangelio.

Ha habido santos que en su vida han reproducido el Sacrificio de Cristo en el Calvario, o su inmolación en la Eucaristía, o su vida apostólica, o su vida de silencio y oración en Nazaret, o su vida de infancia en Belén. ¿Por qué solo se había de excluir el misterio de la Encarnación?

Sería herejía y muy grave creer que se pretende participar de alguna manera de la unión hipostática. Nada de eso. Solo se trata de una *Unión transformante*, con el matiz de fecundidad propio de este misterio.

La Santísima Virgen fue la primera en recibir esta gracia de la encarnación mística y en una forma única. Pienso que eso quiso decir un Santo Padre cuando afirmó que María concibió a Jesucristo en la mente primero, y en su seno purísimo después. *Prius concepit mente quam corpore*.

Y de aquí resultó una fecundidad única también, ya que fue Madre de Dios y Madre de todos los hombres, lo que no pudo ser sin una participación de la fecundidad del Padre, y un influjo especial del Espíritu Santo, que la cubrió con su sombra, y una transformación plena en el Verbo Encarnado.

María recibió la gracia de la *Unión transformante* desde su Concepción Inmaculada, puesto que su gracia inicial superó a la de todos los santos al fin de su vida, que solo en esa época reciben la Unión transformante.

Pero esa gracia es —como toda gracia— un germen que debe germinar, una semilla que debe desarrollarse. Y en María se desarrolló sin cesar hasta llegar a tres plenitudes: *en la Encarnación, en el Calvario y en Pentecostés*. Y las tres se fundieron en una sola plenitud en el término de su vida mortal, cuando se convirtieron en una glorificación como no la ha recibido ni la recibirá jamás criatura alguna.

Después de María, otros santos y santas han recibido esta gracia de la encarnación mística, aunque no se le llame con este nombre. Y son las almas que se han distinguido por una especial fecundidad espiritual.

Pero, con más precisión: ¿en qué consiste esta gracia de la encarnación mística?

Puede describirse así: *es una perfecta transformación del alma, la cual, unida con amor purísimo y profundo al Espíritu Santo, recibe de Él la fecundación del Padre y se hace Jesús* (místicamente) *para participar de su sacerdocio místico y ejercerlo en favor de las almas, sobre todo sacerdotales.*

El elemento genérico, en el que conviene con otras gracias, es la *Unión transformante*. Es necesario que el alma la haya recibido previamente.

El elemento esencial es la participación —en cuanto es posible a una criatura— de la *fecundidad del Padre* por el Espíritu Santo. Y el fruto de esta gracia es la *mística formación de Jesús* en la propia alma y en las almas de los demás. ¿No aludía a esto san Pablo cuando decía: «Hijitos míos, ¿a quienes de nuevo doy a luz hasta que Cristo se forme en vosotros? *Filioli mei quos iterum parturior donee formetur Christus in vobis* (Gal 4, 19).

Formar a Cristo, hacerlo nacer místicamente en las almas, es lo propio del sacerdocio.

El sacerdocio ministerial, jerárquico, le da a Cristo el ser sacramental; y del poder sobre el Cristo real nace en el sacerdote su poder santificador sobre el Cristo místico, que son los fieles.

El sacerdocio de los simples fieles, ese *regale sacerdotium*, ese sacerdocio regio de que habla san Pedro (I Pe 2, 9), solo forma a Cristo místicamente en la propia alma y en las almas de los demás.

Pero como Jesucristo se ofreció ante todo por sus sacerdotes —*pro eis ego sanctifico meipsum* (Jn 16, 19)—, y vio a las demás almas a través de sus sacerdotes y formando con ellos una sola unidad, es lógico que el sacerdocio de los fieles se esfuerce ante todo por alcanzar gracias de santificación para las almas sacerdotales.

Confieso, sin embargo, mi incapacidad para hablar de misterios tan altos y de operaciones de la gracia tan misteriosas.

Por eso cedemos la palabra al arzobispo autor de este libro, que las conocía por propia conciencia. Escribiendo a la beata, un año y tres meses antes de su muerte, le decía con la elocuencia del que habla de la abundancia del corazón:

> Dice santo Tomás que las cosas encuentran su perfección cuando vuelven a su principio; por tanto, su vida espiritual llegará a su perfección, volviendo a su principio y a su fuente.
>
> La fuente de su vida es Dios, en cuyo seno amorosísimo entrará plenamente en la eternidad; y ya desde ahora debe entrar, en cuanto es posible sobre la tierra. Pero la fuente inmediata de su vida es la gracia insigne de la encarnación mística, que hace treinta años recibió y que brotó, por decirlo así, en lo íntimo de su alma como una fuente que salta hasta la vida eterna.
>
> Todo lo que después de esa gracia ha recibido de Dios, todas las múltiples y fecundas etapas que su espíritu ha recorrido en estos últimos treinta años, no son otra cosa que el desarrollo triunfal de esa gracia preciosa; a la manera que el tallo vigoroso, las hojas lozanas, las flores fragantes y los frutos sabrosos de un árbol son el opulento desarrollo de la diminuta semilla escondida en el seno de la tierra.

Imposible que hace treinta años hubiera usted sospechado siquiera lo que iba a venir después, lo que produciría en su vida la semilla del cielo que el divino Sembrador depositó en su alma entre gozos íntimos y esplendores celestiales en aquel inolvidable día de la Encarnación.

¿Lo recuerda? La fiesta divina que dejó en su alma una estela de amor y de paz; la suavidad con que siguió ardiendo después de la solemnidad inenarrable; los misterios de Jesús místicamente renovados en su alma; la soledad inmensa, trasunto de la divina soledad de María; el sacerdocio místico; la fecundidad espiritual que como un íntimo Pentecostés sacude a su alma con el viento impetuoso del Espíritu...

Jesús deposita en el alma de usted sus confidencias de amor y de dolor; como gérmenes prolíficos bullen en el fondo de su alma las almas sacerdotales; un nuevo amor y una nueva fuente de martirio aparecen en su vida; el supremo amor dilata su alma y los dolores íntimos de Jesús misteriosamente participados inmolan su corazón...

Su alma es introducida en los arcanos de la Divinidad y se le revela el profundo sentido y la increíble extensión del sacrificio; y como consecuencia práctica de esas gracias altísimas y de esas hondas revelaciones, su vida se trueca en un espantoso martirio, porque tiene que entregar al Hijo dulcísimo a crueles crucifixiones y tiene que sacrificar el consuelo de sus caricias y hasta de su presencia sensible por las almas sacerdotales, hijos de su fecundidad espiritual por ser místicas reproducciones de Jesús...

Aquí tiene a grandes rasgos descrito el opulento desarrollo de la gracia insigne; es fácil decirlo en rápido esquema; pero ¿quién dirá la abundancia de gracias celestiales que este desarrollo supone, y los incendios de amor que produce, y los martirios que causa, y los bienes que derrama en el mundo de las almas?

Para que esta riqueza espiritual se perfeccione y se consume, es preciso que se funda en la unidad, volviendo a su fuente, como las aguas del océano que, después de formar las nubes sutiles, las lluvias vivificantes, los ríos caudalosos, las cascadas bravías y los lagos tranquilos, vuelven al seno del que brotaron, perdiéndose de nuevo en la inmensidad del océano.

Por eso Jesús, tan silencioso en este año, apenas habló para explicarle la gracia insigne, para decirle que no es un recuerdo, sino una realidad; que no es el primer eslabón de una cadena de gracias y portentos, sino que es la cadena entera, la realidad única, que se expande, se desarrolla, se enriquece, se hace Inmensa sin perder su unidad; como un rayo de sol que, después de esparcirse en los siete colores del espectro, torna a la simplicidad de la espléndida luz solar; como una sinfonía maravillosa que, después de desgranarse en inverosímiles cascadas de riquísima armonía, se funde antes de morir en la triunfal unidad del tema prodigioso.

¿Comprende el pensamiento de Dios? Quiere que toda la opulencia de sus maravillas en el alma de usted que brotó del precioso manantial de la encarnación mística, torne a la fuente sin perder su riqueza, pero ostentando su divina unidad.

Ahora se puede vislumbrar la magnitud de la gracia estupenda, contemplando desde la atalaya de hoy el desarrollo de treinta años y se ahonda mejor en la riqueza de este admirable desarrollo, mirándola en la unidad, simple y riquísima al mismo tiempo, del prodigioso manantial.

Por eso, en estas líneas estudiamos el tema de la encarnación mística, pero no considerada de manera fragmentaria como un recuerdo inolvidable, como el eslabón de una mística cadena, como una etapa fundamental pero pasajera de un viaje divino; mas considerada como algo inmortal, viviente, que no pasa ni pasará jamás, sino que se va enriqueciendo y ostentando más bien la gama copiosa de sus celestiales matices.

En el fondo, su vida espiritual es la *encarnación mística* y en el seno de ella caben todas las gracias y todas las maravillas de Dios, «como en un rayo de luz caben todos los colores del espectro».

Misterios de Jesús, sacerdocio místico, fecundidad espiritual, supremo amor, consumación en la unidad, participación de los dolores íntimos, la perfecta alegría, todo, todo no es más que una gracia única y riquísima: la encarnación mística, que no fue, sino es, que no pasa, sino que será eterna, y que no cesará de producir prodigios en tanto que usted viva, que nunca acabará de ostentar la opulencia de sus escondidos tesoros.

Y ¿qué digo «en tanto que usted viva»? Aun después de su muerte la gracia insigne seguirá produciendo sus frutos de vida; y a la manera que Teresa de Lisieux pasa su cielo arrojando sobre la tierra pétalos de rosa, usted pasará el suyo irradiando sobre las inmortales Obras de la Cruz la inagotable *fecundidad* de su alma de madre.

Al fin de los tiempos, cuando la última alma de la Cruz encuentre en esas Obras su sendero de *pureza, de amor y de dolor*, cuando Jesús reciba en la tierra el último consuelo de sus Oasis en el páramo desolado de este mundo, entonces se acabará de comprender lo que es la *encarnación mística*, su riqueza, su fecundidad, su belleza inefable.

Pero ahora, después de treinta años, en el atardecer de su vida, la *encarnación mística* se ve de manera nueva y profunda, como se conoce mejor un principio cuando se han arrancado de su seno las consecuencias que contiene; como se aprecia mejor el valor de una mina cuando se han extraído sus riquezas; como se goza más intensamente de la fragancia de una flor cuando se ha desprendido de sus pétalos triturados la esencia exquisita.

Para contemplar en la plenitud de su belleza la *encarnación mística* es preciso comenzar por dejar sólidamente establecido que no es un dulce recuerdo, sino una viviente realidad.

Todo lo humano es efímero, pero lo divino es inmortal. Si en las obras humanas hay algo que subsiste, es porque llevamos en nuestro fondo algo divino. Cuando Dios envía a la tierra algo divino, un reflejo de su ser, un trasunto de sus perfecciones, una misteriosa irradiación de su amor, envuelve sus dones en la fragilidad de las cosas humanas: su luz, en la opaca envoltura de nuestro lenguaje; su gracia, en los signos fugaces y groseros de nuestra vida ordinaria; sus prodigios, en nuestra pequeñez; su vida, en los pétalos de nuestra vida que se marchita; su victoriosa acción providencial, en la Historia que pasa; su reino, en una sociedad que tiene las vicisitudes de lo humano; y ¿qué más?; el cuerpo, la sangre, la divinidad de Jesús, en las especies eucarísticas, adorables pero efímeras.

Mas bajo la fragilidad de las envolturas terrenas se esconde lo divino, sustraído a las vicisitudes del tiempo y del espacio de manera inefable; porque hasta en el fondo de los vasos frágiles consérvense inmutables y eternos los tesoros celestiales.

Así sucede en *la encarnación mística*; la puso Dios en lo íntimo de una vida humana inevitablemente sujeta a las variaciones del tiempo, a la estrechez del espacio, a las condiciones groseras de todo lo que es de la tierra; pero debajo de las ondas inquietas y pasajeras de una vida terrena, vive inmutable, inmortal, sin perder su unidad, sin transformar su esencia, como viviente realidad, el divino misterio.

Pasó la solemnidad celeste; una en pos de las otras vinieron las etapas del maravilloso desarrollo de esa gracia con sus consuelos, sus martirios y sus frutos; pero lo divino de ella ni pasa ni se cambia; las Divinas Personas, con sus íntimas, con sus arcanas operaciones, realizan sin cesar en el alma dichosa el misterio inefable...

Pero el tema es vastísimo e inagotable su riqueza. Le sirvió al prelado para los Ejercicios que le dio durante más de un mes, del 13 de octubre al 19 de noviembre de 1935.

Ojalá alcancemos a sospechar la importancia de esta gracia de *la encarnación mística*.

ESTE LIBRO, PUBLICADO POR
EDICIONES RIALP, S. A.,
MANUEL URIBE, 13-15, 28033 MADRID,
SE TERMINÓ DE IMPRIMIR
EN ESTILO ESTUGRAF, S. L.,
CIEMPOZUELOS (MADRID),
EL DÍA 25 DE OCTUBRE DE 2024.